高等职业教育规划教材

空乘普通话
实用训练教程

KONGCHENG PUTONGHUA
SHIYONG XUNLIAN JIAOCHENG

毕旭　何子谦　编

化学工业出版社

·北京·

内容简介

《空乘普通话实用训练教程》是根据教育部《关于深化职业教育教学改革全面提高人才培养质量的若干意见》的精神编写。

本书主要内容包括航空播音基础及语音训练、航空播音发音训练、航空应用表达训练和客舱服务沟通综合技能训练。本书重点强调了播音基础训练及航空发音训练，旨在全面系统地帮助空乘人员提高口语沟通技巧。为方便教学和学生学习，本书配有电子课件和基础发音音频讲解资料，可通过扫描书中二维码获取。

本书既可作为高职高专、中等职业学校等院校空中乘务专业的教学用书，也可作为成人高等教育的同类专业教材以及民航服务人员的参考书及企业培训用书。

图书在版编目（CIP）数据

空乘普通话实用训练教程/毕旭，何子谦编．—北京：化学工业出版社，2021.2（2025.2重印）
高等职业教育规划教材
ISBN 978-7-122-38258-0

Ⅰ．①空… Ⅱ．①毕… ②何… Ⅲ．①民用航空-商业服务-普通话-高等职业教育-教材 Ⅳ．①F560.9

中国版本图书馆CIP数据核字（2020）第259494号

责任编辑：旷英姿　王　可　　　　　　文字编辑：李　曦
责任校对：王　静　　　　　　　　　　　装帧设计：王晓宇

出版发行：化学工业出版社（北京市东城区青年湖南街13号　邮政编码100011）
印　　装：北京建宏印刷有限公司
787mm×1092mm　1/16　印张6　字数127千字　2025年2月北京第1版第3次印刷

购书咨询：010-64518888　　　　　　　　　售后服务：010-64518899
网　　址：http://www.cip.com.cn
凡购买本书，如有缺损质量问题，本社销售中心负责调换。

定　　价：32.00元　　　　　　　　　　　　　　　　　　　　　版权所有　违者必究

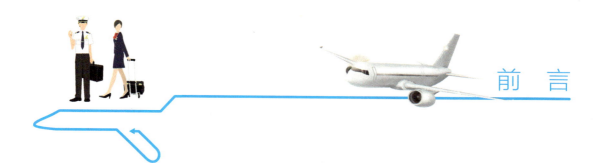

前言

在航空业日趋国际化的今天，国内外民航业快速发展，航空公司对空中乘务员的要求日益提高，具备良好的口语沟通交际能力已是每位空中乘务人员不可或缺的一种职业素养，培养"高素质、严标准、多能力"的乘务员已经越来越成为众多航空公司的共识。

由于航空服务业的迅速发展，空乘人员的自身素质也需要不断地提高，在服务过程中不但要具备过硬的专业技能，还要不断地提高与他人沟通的能力，所以口语沟通技巧就显得尤为重要。《空乘普通话实用训练教程》正是为了提高空乘人员在工作及生活中的吐字发音及口语沟通水平而编写。服务业是国民经济的重要组成部分，服务业的发展水平是衡量现代社会经济发展程度的重要标志。

本书着重于针对空乘人员在日常工作中会遇到的发音问题及在广播词播报中的瑕疵进行系统训练。本书共分为四章，即航空播音基础及语音训练、航空播音发音训练、航空应用表达训练和客舱服务沟通综合技能训练。系统性地将语言学习及训练融入每一个章节之中，重视学生的视野拓展，以岗位需求为基础，将实用性落到实处。

本书加强了课程的内涵建设，使得课程改革具有鲜明的特色，做到"三结合"（针对学生的综合素质、专业技能以及课程特点构建"课证结合""课演结合""课赛结合"三类课程），全方位树立学生的职业价值观，培育工匠精神，将"立德树人"的宗旨贯彻到实际教学中。

本书在编写中得到了学校各部门领导和同事以及协助拍摄照片的航空专业学生的大力支持和帮助，在此深表谢意。由于编者水平所限，书中难免会出现疏漏和不妥之处，欢迎广大读者提出宝贵意见。

编者

2020年9月

目 录

绪 论 /001

　　一、航空服务概述 /002
　　二、空乘人员职业素质要求 /002

第一章 航空播音基础及语音训练 /005

第一节 普通话概述 /006
　　一、普通话的概念 /006
　　二、普通话的语音系统知识 /006
　　三、空乘人员的语音发声要求 /007

第二节 语音训练 /007
　　一、声母 /007
　　二、声母的辨读 /014
　　三、韵母 /018
　　四、声调训练 /022

第二章 航空播音发音训练 /024

第一节 发音基础训练 /025
　　一、口部操的概念 /025
　　二、口部操的分类 /025

第二节 呼吸训练 /030
　　一、呼吸控制 /030
　　二、呼吸方法 /031
　　三、呼吸训练方法 /033
　　四、声音弹性 /036
　　五、科学保护嗓音训练 /041

第三节　共鸣控制训练　/042

　　一、共鸣器官　/042

　　二、具体介绍　/042

　　三、共鸣训练　/043

第三章　航空应用表达训练　/049

第一节　空乘语言沟通训练　/050

　　一、空乘职业特点　/050

　　二、客舱内沟通训练　/051

第二节　空乘非语言沟通训练　/055

　　一、微笑训练　/055

　　二、态势语训练　/056

第三节　客舱安全与急救常识播音训练　/069

　　一、客舱安全播音训练　/069

　　二、急救常识播音训练　/070

第四节　客舱播音要求与技巧　/071

　　一、客舱播音类型　/071

　　二、登机广播训练　/072

　　三、客舱交流训练　/073

　　四、航班延误后沟通训练　/075

　　五、常用客舱广播词训练　/076

第四章　客舱服务沟通综合技能训练　/079

第一节　空乘人员素质训练　/080

　　一、克服障碍　/080

　　二、准确把握沟通对象感　/081

　　三、说好内在语　/082

第二节　即兴口语表达训练　/083

　　一、即兴口语表达含义　/083

　　二、客舱内即兴沟通注意事项　/087

参考文献　/088

绪 论

一、航空服务概述

改革开放以来，中国民航业的发展十分迅猛，中国民航运输年平均总周转量、旅客运输量、货物运输量等指标高速增长，了解民用航空服务的发展历史与现状，对于从事这个行业和即将进入这个行业的人士来说，都是十分必要的。

进入21世纪，我国航空运输总周转量名列世界第二位，并连续三年保持这一纪录，成为世界航空运输大国，极大地推动了中国和世界民航事业的发展。

但从宏观来看，中国民航业同发达国家相比还存在诸多不足之处。无论是数量上还是质量上都还不能充分适应经济社会发展的需要，与民航业发达国家相比仍存在一定的差距。尤其是21世纪，随着我国经济的飞速发展和对外交流的日益频繁，民航企业呈蓬勃发展态势，并且迅速走向国际化。

知识拓展

正确的服务意识

服务意识是指企业全体员工在与一切和企业利益相关的人或企业的交往中，所体现的为其提供热情、周到、主动的服务的欲望和意识，即自觉主动做好服务工作的一种观念和愿望，它发自服务人员的内心。

服务意识有强烈与淡薄之分，有主动与被动之分。这是认识程度问题，认识深刻就会有强烈的服务意识；有了强烈的展现个人才华、体现人生价值的观念，就会有强烈的服务意识；有了以公司为家、热爱集体、无私奉献的风格和精神，就会有强烈的服务意识。

服务意识是发自服务人员内心的，是服务人员的一种本能和习惯，也是可以通过培养、教育训练形成的。

二、空乘人员职业素质要求

（1）情绪控制能力

对于空中乘务人员来说，每个人的心情不同，对工作的态度可能就会不同。例如，心情好时，会对工作充满热情，会积极上进；相反，当受到外界因素的影响，如家庭矛盾、工作中和同事的摩擦等，而自己不能快速地调节情绪，多多少少都会把这种情绪带到工作中去，从而产生消极的影响。情绪控制能力的不良表现包括以下几个方面：①将生活中的不良情绪带到工作当中。②对机组的配合不满意，产生敌对情绪。③对自身的工作能力过于自信，近乎狂妄。因此，情绪控制能力应包括：其一，准确认识和表达自身情绪的能力；其二，有效地调节和管理情绪的能力。无论在什么情况下，乘务人员都要保持冷静平和的情绪，激动和消极的情绪会直接影响飞行安全。

（2）沟通协调能力

良好的沟通协调能力可以保证旅客有一个愉快满意的旅程，这直接反映出一个航空公司的整体素质。所以，在飞机上，空乘人员不仅仅代表自己，更是航空公司整体素质的体现，重任在肩，更加不敢怠慢。一个性格内向、孤僻、古怪、冷漠、敏感的人在沟通协调能力方面往往比开朗、无私、大度、坦诚、友善的人要差得多。一旦遭遇紧急情况，地面无法和机组有效沟通协调，机组无法和乘务组有效沟通协调，乘务组无法和旅客有效沟通协调，这时还怎么保证安全？首先，在飞行过程中，一切行动都要听从机长和乘务长的指挥，准确无误地执行命令。其次，要和其他机组人员和谐相处，发扬主人翁精神，低调做人，高调做事，在做好本职工作的同时，配合其他乘务人员做好各项工作。再次，与地面单位工作人员协调统一，听从安排，坚决执行任务，航空飞行不是儿戏，作为空中服务的一员，做事思考要顾全大局，不仅仅要对自己的生命负责，更要对别人的生命负责，所以，良好的沟通协调能力就显得非常重要，第一执行力是确保顺利完成整个飞行任务的重中之重。最后，也是最关键的，与旅客的交流与沟通是空中乘务人员的必修课，更是最本职的工作。

（3）应变创造能力

在现实工作中，随时可能遇到突发性特殊情况，例如，飞机被劫持、发动机停车、起落架卡阻、座舱失密、无线电失效等。乘务员除调节好自身的情绪外，还需要具有随机应变的能力。既要组织正常飞行，又要有力妥善处置特情，不因循守旧，要具体情况具体对待，有变通性、创造性，能在短时间内建立整体思维。

（4）语言表达能力

语言表达能力对于空乘人员来说是非常重要的，因为和旅客沟通的关键就在于此，有了良好的沟通才能为旅客提供更好的服务。所以，语言表达能力是每位空乘人员必须具备的。

知识拓展

民航播音的声音特点

第一，准确清晰。准确是指吐字规范，声韵调标准；清晰是指语音具有较高分辨率，即使在机场这样嘈杂的环境中也能听清楚。

第二，圆润动听。圆润动听是指民航播音要有较好的音色和较高的吐字技巧。音色是否圆润动听与音质有直接的关系，也就是说，音质的先天条件起着很大作用，但后天训练也有不容忽视的影响。实践证明，运用科学的发声法，能有效地改善嗓音条件，纠正不正确的发音方式，用气发声，不仅能保护嗓子，更能美化声音，改善话筒前播音的语言状态。

第三，朴实大方。民航播音发音接近生活中的讲述，不同于朗诵和表演。民航播音要求语言表达朴实大方，不能过分夸张和过多修饰，不能片面追求艺术效果。在声音的音高和音色上，民航播音的用声与口语接近。

第四，富于变化。民航播音员的发音要避免单调，应力求变化。为了能有效地吸引乘客的注意，民航播音的发音应高低起伏、抑扬顿挫，吐字力度、音高、音色和节奏都应随着语境的不同而相应地变化。

第一章

航空播音基础及语音训练

第一节 普通话概述

一、普通话的概念

汉语普通话，是以北京语音为标准音，以北方话为基础方言，以典范的现代白话文著作为语法规范的现代汉民族共同语。普通话是中华人民共和国通用语言。

根据《中华人民共和国宪法》第十九条的规定，国家推广全国通用的普通话。《广播电视管理条例》第三十六条规定：广播电台、电视台应当使用规范的语言文字。广播电台、电视台应当推广全国通用的普通话。《关于开展普通话水平测试工作的决定》（国语〔1994〕43号）规定："县级以上（含县级）广播电台和电视台的播音员、节目主持人应达到一级水平（此要求列入广播电影电视部部颁岗位规范，逐步实行持普通话等级合格证书上岗）。"

二、普通话的语音系统知识

1. 语音的性质

语音即语言的声音，是人的发音器官发出来的能够表示一定意义的声音。它不同于自然界的各种声音，区别于其他动物的声音。语音是语言的三要素（语音、词汇、语法）之一，是语言的物质外壳。

（1）*语音的生理属性*

语音是人的发音器官协调运作的产物，发音器官及其活动决定了语音的特点。人体的发音器官由动力系统（肺和气管）、声源系统（喉和声带）和共鸣系统（声道）三个部分组成。

（2）*语音的物理属性*

语音是由人的发音器官通过振动而产生的，因而具有物理属性，每个声音片段都包含了音高、音强、音长和音色四个要素。

2. 声音的四要素

（1）*音高*

指声音的高低，取决于发音体发出声波的频率。在一定时间内振动快、频率高，声音就高；反之，声音就低。语音的高低取决于声带的大小、长短、厚薄、松紧。一般而言，成年男性的音高要比女性和儿童低八度左右。汉语中不同的声调，也主要是由音高变化造成的。

（2）*音强*

指声音的强弱，取决于发音体发出声波的振幅，声带振动幅度大，声音就强；反之，声音就弱。汉语中的语调与音强关系密切。

（3）音长

指声音的长短，取决于发音体振动的时间。声带振动的持续时间长，声音就长；反之，声音就短。普通话里的上声和轻声与阴平、阳平、去声在音长方面有明显的不同。

（4）音色

指声音的特色和本质，也叫音质或音品，取决于发音体振动所形成的音波波纹的曲折形式，即声谱。不同音色的产生主要有三个方面的影响因素：一是发音体的不同；二是发音方法的不同；三是共鸣器形状的不同。音色既可以区分不同的音素，也可以区分不同的声音色彩。

三、空乘人员的语音发声要求

民航播音语言基础训练包括普通话语音和播音发声学理论在民航播音中的运用。民航播音对普通话语音有严格要求。因为民航服务人员每天接待来自国内外的旅客，所以要求他们的普通话语音纯正、流畅和清晰。普通话以北京语音为标准音，具有简单、清晰和表达力强的特点。民航播音要求普通话的声母、韵母和声调等都要达到规范化的标准。

本书借鉴了播音的科学发声法。播音需要的声音，是源于生活、高于生活的，与生活中说话时的发音状态相比，具有明显的区别。通过学习和训练，要求民航服务人员掌握科学、正确的用气发声方法，以达到气息通畅、均匀和持久的目的，使声音清晰、集中、圆润、明朗，适应今后民航播音的需要。

普通话对于空乘人员的重要性

第二节 语音训练

一、声母

按汉语语音学的传统分析方法，可以把一个音节分为声和韵两部分。对于学习汉语和研究汉语语音来说，这是符合汉语语音规律的。它反映了声和韵两部分的配合关系，也表现出古今语音及方音之间的演变和对应关系。声就是声母，它指的是一个汉语音节起头的辅音。在普通话约400个无调音节中，声韵配合的占90%强，而不到10%的音节由单元音或复合音自己独立承担。没有辅音声母的音节，在古音或方音中，它们也都是有辅音声母的。将没有辅音声母的音节叫作零声母音节，将没有辅音的声母叫作零声母。

声母和韵母及音节的讲解

1. 声母的分类

普通话的声母按照发音部位分为七组。

（1）双唇音
由上唇和下唇构成阻碍而形成的音，有3个，是：b、p、m。
（2）唇齿音
由上齿和下唇构成阻碍而形成的音，只有1个，是：f。
（3）舌尖前音
由舌尖和上齿背构成阻碍而形成的音，有3个，是：z、c、s。
（4）舌尖中音
由舌尖和上齿龈构成阻碍而形成的音，有4个，是：d、t、n、l。
（5）舌尖后音
由舌尖翘起和硬腭前部构成阻碍而形成的音，有4个，是：zh、ch、sh、r。
（6）舌面前音
由舌面前部和硬腭前部构成阻碍而形成的音，有3个，是：j、q、x。
（7）舌根音
由舌根和软腭构成阻碍而形成的音，有3个，是：g、k、h。

2．声母训练

（1）b
单音节：
播 布 北 宾 班 标 贝 别 崩 笨
不 笔 毕 表 把 补 奔 便 编 变
双音节：
奔波 摆布 宝贝 包办 百倍 本部 板报 辨别
标兵 白布 不必 卑鄙 遍布 北部 蚌埠 帮办
四音节：
跋山涉水 百发百中 半路出家 包罗万象 暴跳如雷
悲欢离合 闭关自守 不谋而合 不约而同 不共戴天

（2）p
单音节：
平 盘 胖 排 批 漂 喷 盆 坡 碰
砰 拍 片 品 颇 鹏 皮 偏 剖 婆
双音节：
偏旁 偏僻 批评 匹配 爬坡 平盘 婆婆 琵琶
拼盘 澎湃 乒乓 铺平 拍品 品牌 批判 排炮
四音节：
旁观者清 匹夫有责 抛砖引玉 跑马观花 披星戴月
萍水相逢 平分秋色 平心静气 评头品足 平易近人

（3）m
单音节：
妈 慢 门 明 米 谬 满 谋 美 灭

每　没　们　卖　民　铭　目　贸　命　马
双音节：
面貌　埋没　麦苗　眉目　牧民　买卖　命脉　茂密
慕名　麻木　明媚　美妙　秘密　美满　妹妹　盲目
四音节：
埋头苦干　满城风雨　民富国强　马到成功　满城风雨
弥天大谎　毛手毛脚　茅塞顿开　美不胜收　面目全非

（4）f
单音节：
奋　发　房　佛　风　法　分　否　翻　冯
非　凡　粉　飞　峰　方　反　服　费　府
双音节：
方法　肺腑　丰富　非凡　吩咐　防范　发放　犯法
奋发　芬芳　反复　仿佛　纷纷　夫妇　分发　反腐
四音节：
翻来覆去　发扬光大　反复无常　防患未然　飞沙走石
飞扬跋扈　分秒必争　风尘仆仆　风吹草动　风平浪静

（5）d
单音节：
搭　但　担　到　得　灯　叨　丢　调　斗
多　肚　电　地　第　订　达　代　德　冬
双音节：
电灯　当代　导弹　大地　到达　顶端　抵挡　大队
单调　道德　等待　奠定　断定　地点　懂得　大豆
四音节：
大刀阔斧　大功告成　大公无私　大开眼界　大显身手
点石成金　调虎离山　顶天立地　多多益善　单刀直入

（6）t
单音节：
推　吞　谈　汤　坛　淌　逃　铁　图　土
停　特　台　团　头　腿　颓　秃　兔　投
双音节：
团体　铁塔　天堂　探讨　探听　推托　天坛　吞吐
淘汰　忐忑　体贴　滩涂　跳台　梯田　铁蹄　天天
四音节：
谈虎色变　铁证如山　通宵达旦　同甘共苦　同流合污
同舟共济　偷天换日　推波助澜　兔死狐悲　土崩瓦解

（7）n

单音节：
那 奴 奶 闹 男 弄 农 娘 内 南
您 你 脑 牛 扭 纳 拿 能 逆 妮
念 讷 挠 难 囊 鸟 年 宁 虐 腻

双音节：
牛奶 南宁 男女 恼怒 难弄 奶娘 农奴 泥泞
能耐 袅娜 扭捏 喃喃 年年 拿捏 袅袅 牛腩
脑内 女奴 呢喃 呦呦 奶奶 内难 泥淖 妞妞

四音节：
南腔北调 南征北战 难分难解 难能可贵 能说会道
能者多劳 弄假成真 怒发冲冠 怒不可遏 怒形于色
男男女女 南柯一梦 难言之隐 脑力劳动 内外交困

（8）l

单音节：
拉 铃 来 类 列 路 铝 驴 楼 罗
老 落 乱 卵 峦 留 良 领 绿 刘
楞 立 料 连 梁 劳 遛 漏 蓝 亮

双音节：
理论 流利 嘹亮 老练 玲珑 流离 劳累 劳力
轮流 连累 拉拢 来历 柳绿 勒令 榴梿 罗列
拉力 磊落 履历 绿萝 立论 铃兰 料理 兰陵

四音节：
来者不拒 劳而无功 劳苦功高 老态龙钟 冷若冰霜
离题万里 两全其美 流言蜚语 炉火纯青 里应外合
拉家带口 乐不思蜀 狼心狗肺 狼子野心 浪子回头

（9）g

单音节：
哥 刚 耕 姑 干 公 改 更 古 关
光 广 工 高 革 盖 共 给 逛 归

双音节：
改革 巩固 高贵 光顾 公共 感官 规格 灌溉
公告 哥哥 骨骼 梗概 尴尬 骨干 观光 观感

四音节：
甘心情愿 甘拜下风 感人肺腑 高歌猛进 高谈阔论
歌功颂德 纲举目张 各自为政 功德无量 公而忘私

（10）k

单音节：

考 坑 客 空 口 扣 苦 库 坎 枯
宽 款 看 卡 况 框 哭 渴 科 酷
双音节：
开垦 宽阔 刻苦 可靠 空旷 坎坷 困苦 开口
慷慨 苛刻 窥看 亏空 可口 可控 口渴 侃侃
四音节：
开卷有益 开门见山 开源节流 侃侃而谈 康庄大道
可歌可泣 刻骨铭心 空前绝后 口蜜腹剑 苦尽甘来
（11）h
单音节：
海 和 哈 行 航 好 河 湖 换 欢
患 怀 还 灰 很 喉 恨 吼 猴 户
双音节：
欢呼 合欢 荷花 航海 绘画 黄海 黄昏 红花
悔恨 含混 缓和 和好 浑厚 后悔 辉煌 好汉
四音节：
海枯石烂 海阔天空 海誓山盟 骇人听闻 汗马功劳
好景不长 好大喜功 好事多磨 和平共处 豪情壮志
（12）j
单音节：
将 江 奖 即 机 家 结 街 京 景
金 炯 居 捐 叫 脚 决 俊 检 健
双音节：
渐进 加紧 经济 焦急 交际 季节 集结 即将
建交 积极 艰巨 倔强 简介 解决 拒绝 境界
四音节：
积少成多 疾言厉色 集思广益 济济一堂 急如星火
箭在弦上 皆大欢喜 尽善尽美 近水楼台 惊天动地
（13）q
单音节：
青 亲 期 巧 桥 强 抢 情 球 去
全 权 确 缺 窃 前 区 恰 丘 轻
双音节：
亲切 恰巧 请求 轻巧 情趣 秋千 齐全
气球 乞求 崎岖 弃权 铅球 求亲 千秋
四音节：
七上八下 其貌不扬 奇耻大辱 取之不尽 奇珍异宝
旗鼓相当 千载难逢 岂有此理 恰如其分 前功尽弃

（14）x
单音节：
先 系 西 新 星 雄 兄 修 小 选
宣 休 雪 校 消 乡 形 向 想 许
双音节：
休息 学习 相信 虚心 新鲜 形象 欣喜
谢谢 虚席 详细 小心 想象 选项 遐想
四音节：
熙熙攘攘 喜出望外 心领神会 喜新厌旧 兴高采烈
洗耳恭听 心照不宣 相辅相成 小题大做 信口开河

（15）zh
单音节：
扎 炸 轧 赵 真 整 郑 中 朱 专
装 周 重 抓 追 坠 债 宅 摘 者
这 翟 招 占 针 张 争 知 庄 震
双音节：
庄重 主张 支柱 转折 指针 战争 政治
郑重 装置 壮志 招致 制止 挣扎 招展
住宅 珍重 针织 执照 种植 主治 专著
四音节：
掌上明珠 招兵买马 振振有词 争先恐后 珠圆玉润
郑重其事 知法犯法 知己知彼 知无不言 至理名言
债台高筑 沾沾自喜 瞻前顾后 斩草除根 斩钉截铁

（16）ch
单音节：
产 超 炒 沉 车 程 出 除 船 吹
春 查 揣 创 床 抽 丑 炊 持 臭
插 彻 迟 柴 抄 唱 成 宠 场 称
双音节：
超产 长城 车程 穿插 车窗 出产 乘车
拆穿 惆怅 初春 出场 铲除 长处 出差
查抄 戳穿 拆除 车床 惩处 充斥 抽查
四音节：
触类旁通 长篇大论 长期共存 畅所欲言 陈词滥调
沉默寡言 成人之美 吃苦耐劳 赤胆忠心 愁眉不展
插翅难飞 插科打诨 差强人意 茶余饭后 长话短说

（17）sh
单音节：

沙 蛇 筛 省 双 书 生 上 顺 山
水 晌 赏 诗 室 梳 谁 是 社 剩
舌 神 审 稍 硕 涮 刷 绳 甚 吮

双音节：

上税 山水 双手 闪烁 神圣 沙石 烧水
赏识 收拾 手术 设施 绅士 审视 膳食
杀手 上升 史诗 身世 实施 水杉 硕士

四音节：

深入人心 神采奕奕 身价百倍 实事求是 史无前例
始终不解 世外桃源 势如破竹 事半功倍 适得其反
杀鸡取卵 沙里淘金 煞费苦心 山高水低 伤风败俗

（18）r

单音节：

日 如 入 人 任 软 忍 容 让 汝
染 若 肉 辱 韧 弱 儒 润 融 扔

双音节：

仍然 柔韧 容忍 闰日 荣辱 扰攘 如若
荏苒 软弱 忍让 冉冉 柔软 人人 孺人

四音节：

若无其事 若有所思 如愿以偿 仁至义尽 人定胜天
日落西山 燃眉之急 如梦初醒 如鱼得水 人心所向

（19）z

单音节：

栽 脏 遭 贼 怎 增 宗 资 总 则
租 嘴 尊 钻 走 咱 赞 咋 杂 做
灾 仔 组 攒 纵 左 再 罪 曾 足

双音节：

藏族 宗族 总则 自尊 走卒 祖宗 自足
造作 崽子 最早 做作 足足 走走 坐姿
栽赃 再造 再做 遭罪 做足 自在 自责

四音节：

自得其乐 再接再厉 责无旁贷 自告奋勇 罪魁祸首
坐吃山空 左右为难 字里行间 孜孜不倦 自以为是

（20）c

单音节：

才 菜 蚕 仓 策 涔 此 擦 粗 催
村 凑 匆 错 搓 脆 促 寸 参 粹
存 辏 丛 岑 撮 窜 层 翠 此 彩

双音节：

层次　粗糙　摧残　仓促　措辞　苍翠　草丛
参差　从此　猜测　此次　猜错　曹操
残存　璀璨　催促　匆匆　葱翠　匆促

四音节：

惨不忍睹　沧海桑田　草木皆兵　侧目而视　藏头露尾
此起彼伏　才疏学浅　惨无人道　蚕食鲸吞　藏龙卧虎
财大气粗　残羹剩饭　寸步不让　操之过急　层出不穷

（21）s

单音节：

撒　三　桑　色　送　松　私　思　素　苏
酸　梭　扫　四　孙　塞　艘　似　粟　瑟
司　萨　赛　搜　伞　僧　俗　所　虽　算

双音节：

色素　洒扫　琐碎　松散　三思　思索　四散
搜索　诉讼　送死　算算　嫂嫂　瑟瑟　色散
缫丝　僧俗　速算　瑟缩　散碎　素色　笋丝

四音节：

司空见惯　丝丝入扣　死里逃生　死去活来　四面楚歌
四通八达　死有余辜　俗不可耐　所向无敌　损人利己
三三两两　三令五申　扫地出门　丧权辱国　丧心病狂

二、声母的辨读

b-p：

编排　被迫　奔跑　爆破　不平　并排　表皮
背叛　绑票　不怕　鞭炮　摆谱　半票　般配

p-b：

旁边　评比　跑步　蓬勃　瀑布　排版　叛变
炮兵　配备　磅礴　疲惫　拍板　屏蔽　普遍

d-t：

打通　当天　大体　冬天　打听　地图　电台
倒退　带头　点头　动态　独特　大厅　导体

t-d：

态度　特点　土地　推动　田地　跳动　停顿
妥当　提到　徒弟　天地　特定　铁道　通道

g-k：
赶快　功课　公开　概括　港口　顾客　观看
概况　感慨　广阔　高空　攻克　干枯　甘苦
k-g：
客观　开关　可贵　宽广　考古　可观　控告
口感　凯歌　开工　开锅　开国　看管　刻骨
j-q：
机器　进去　坚强　极其　加强　及其　金钱
价钱　技巧　减轻　健全　郊区　接洽　惊奇
q-j：
前进　情景　期间　清洁　请教　秋季　情节
请假　其间　奇迹　器具　迁就　前景　勤俭
zh-ch：
支持　指出　正常　主持　展出　照常　真诚
侦察　争吵　支撑　忠诚　专长　战场　章程
撞出　追出　支出　住处　掷出　著称　职称
ch-zh：
车站　沉重　成长　初中　长征　厂长　沉着
垂直　产值　城镇　传真　处长　船只　超支
处置　迟滞　称职　诚挚　橙汁　撤职　车轴
z-c：
自从　再次　总裁　座次　总参　杂凑
造次　资财　资材　自裁　紫菜　早操
字词　遵从　佐餐　宗祠　在此　左侧
c-z：
存在　操作　操纵　村子　惨遭　词组
嘈杂　错字　擦澡　才子　菜籽　测字
蚕子　错综　参赞　辞藻　草字　册子
z-zh：
杂志　组织　增长　自重　作者　遵照　总之
自转　坐镇　在职　自主　资助　栽种　宗旨
赞助　自治　阻止　滋长　尊重　最终　作战
zh-z：
主宰　制造　著作　制作　治罪　沼泽　职责
侄子　转赠　铸造　装载　壮族　准则　追踪
振作　种子　竹子　注资　榛子　猪仔　主子
c-ch：
财产　采茶　促成　错处　彩绸　残喘　餐车

| 操场 | 操持 | 辞呈 | 草创 | 粗茶 | 磁场 | 仓储 |
| 雌雏 | 草虫 | 此处 | 存储 | 擦窗 | 菜场 | 参禅 |

ch-c：
差错	场次	长辞	陈醋	冲刺	车次	成材
尺寸	纯粹	储藏	春蚕	船舱	初次	揣测
串词	唱词	虫草	唇彩	炒菜	出错	储存

s-sh：
丧失	丧事	松手	随身	桑树	琐事	唆使
算术	随时	随手	诉说	宿舍	私塾	散失
扫射	四声	私事	死尸	四十	死神	损失

sh-s：
世俗	石笋	申诉	神速	疏散	生死	殊死
誓死	输送	收缩	熟思	上司	声色	神色
哨所	胜似	时速	守岁	上溯	十四	深思

zh-j：
| 之间 | 中间 | 直接 | 逐渐 | 着急 | 证据 | 专家 |
| 主讲 | 庄稼 | 镇静 | 整洁 | 知觉 | 直径 | 助教 |

j-zh：
| 接着 | 集中 | 简直 | 建筑 | 紧张 | 记者 | 禁止 |
| 进展 | 兼职 | 竞争 | 纠正 | 居住 | 军长 | 家长 |

ch-q：
| 长期 | 初期 | 澄清 | 春秋 | 重庆 | 唱腔 | 出奇 |
| 出去 | 城墙 | 呈请 | 出气 | 重启 | 喘气 | 茶钱 |

q-ch：
| 清楚 | 起初 | 前程 | 青春 | 清晨 | 汽车 | 清除 |
| 起床 | 气喘 | 汽船 | 球场 | 凄楚 | 气场 | 签呈 |

sh-x：
| 实现 | 首先 | 数学 | 实行 | 上下 | 熟悉 | 顺序 |
| 事先 | 手续 | 施行 | 事项 | 生效 | 试销 | 实习 |

x-sh：
| 形式 | 显示 | 学生 | 小时 | 吸收 | 先生 | 小说 |
| 形势 | 牺牲 | 学说 | 稀少 | 享受 | 销售 | 消瘦 |

j-x：
| 进行 | 继续 | 教训 | 决心 | 举行 | 机械 | 教学 |
| 局限 | 江西 | 家乡 | 景象 | 急需 | 坚信 | 界限 |

x-j：
| 下降 | 夏季 | 先进 | 小姐 | 选举 | 戏剧 | 新疆 |
| 细节 | 细菌 | 下级 | 相继 | 袭击 | 香蕉 | 消极 |

q-x：
情绪　情形　期限　清醒　气象　清晰　取消
谦虚　前线　倾向　倾斜　缺陷　起先　浅显

x-q：
下去　星期　先前　心情　吸取　学期　掀起
限期　兴起　兴趣　性情　寻求　稀奇　辛勤

z-s：
自私　总算　子孙　阻塞　赞颂　葬送　赠送
棕色　走私　杂碎　砸碎　子嗣　增速　增色

s-z：
色泽　孙子　所在　塞子　嫂子　嗓子　塑造
丧葬　臊子　散座　四则　桑梓

c-s：
彩色　蚕丝　菜色　才思　沧桑　伧俗　草酸
醋酸　厕所　粗俗　赐死　刺死　财色　彩塑

s-c：
色彩　桑蚕　私藏　松脆　酸菜　算错

f-h：
发挥　符号　符合　繁华　返回　复合　奉还
废话　分化　腐化　饭盒　防护　妨害　放火

h-f：
恢复　后方　划分　合法　花费　耗费　花粉
化肥　焕发　混纺　韩非　合肥　回放　何妨

n-l：
那里　能力　努力　年龄　能量　内陆　奴隶
拿来　脑力　女郎　暖流　耐劳　南岭　农林

l-n：
留念　来年　老年　老农　辽宁　烂泥　冷暖
利尿　两难　烈女　列宁　老衲　罹难　凌虐

zh-c：
制裁　注册　政策　珠翠　仲裁　致辞　祝词
榨菜　中餐　铸错　择菜　账册　至此　贞操

zh-s：
真丝　整肃　致死　转送　装蒜　正色　长孙
找死　诊所　周岁　珠算　竹笋　住宿　转速

ch-z：
池子　赤子　插嘴　插足　插座　茶座　掺杂
斥责　超载　吵嘴　趁早　称赞　承载　禅宗

ch-s：
茶色　拆散　场所　超速　沉思　陈诉　称颂
成色　充塞　尘俗　吃素　重塑　撑死　愁思

sh-z：
识字　沙枣　擅自　扇子　上座　师资　勺子
生造　失踪　氏族　实在　始祖　涉足　肾脏

sh-c：
赏赐　上层　上苍　诗词　身材　神采　失策
侍从　失聪　上策　水彩　水草　蔬菜　顺从

z-ch：
资产　祖传　组成　最初　尊称　尊崇　早晨
在场　赞成　嘴唇　增产　早茶　早产　早场

z-sh：
作数　杂史　杂书　杂耍　杂税　再生　在世
宗师　左手　遭受　做事　自身　姿势　走兽

c-zh：
彩照　参政　参照　侧重　惨重　辞章　词缀
餐桌　瓷砖　粗重　村镇　财政　促织　存折

c-sh：
磋商　擦拭　才识　财神　参数　蚕食　残杀
措施　催生　此时　从事　次数　侧身　凑数

三、韵母

韵母是指一个音节中声母后面的部分。普通话中共有39个韵母。

1. 韵母的结构

普通话韵母的主要成分是元音。韵母可以分为韵头、韵腹、韵尾三个部分。

韵头是主要元音前面的元音，又叫介音。由i、u、ü充当，发音总是轻而短，只表示韵母的起点。如ia、ua、üe、iao、uan中的i、u、ü。

充当韵腹的主要元音，口腔开度最大、声音最响亮。韵腹是韵母的主干，所有的元音都能出现在韵腹位置上。

韵尾是韵腹后面的音素，又叫尾音。由i、u或鼻辅音n、ng充当。

韵母中只有一个元音时，这个元音就是韵腹；有两个或三个元音时，开口度最大、声音最响亮的元音是韵腹。韵腹前面的元音是韵头，后面的元音或辅音是韵尾。韵腹是韵母的主要成分，一个韵母可以没有韵头或韵尾，但是不可以没有韵腹。

元音不等于韵母，因为韵母最少有一个元音，复韵母可以由两个或三个元音组成，前韵母中也可以由鼻辅音n和ng来充当韵尾。

2. 韵母练习

a　舌面、央、低、不圆唇元音，例字：啊、八、插、发达、爸妈。
o　舌面、后、半高、圆唇元音，例字：喔、拨、摸、磨破、薄膜。
e　舌面、后、半高、不圆唇元音，例字：鹅、德、勒、合格、特色。
i　舌面、前、高、不圆唇元音，例字：衣、逼、鸡、集体、意义。
u　舌面、后、高、圆唇元音，例字：乌、不、出、互助、朴素。
ü　舌面、前、高、圆唇元音，例字：迂、居、女、区域、语句。
er　卷舌、央、中、不圆唇元音，例字：儿、而、耳、尔。发音时舌头处于自然状态，舌尖翘起和硬腭相对，气流的通路比较宽，嘴唇不圆。韵母er永远不和辅音声母相拼。

3. 复韵母练习

复韵母是由两个或三个元音结合而成的韵母。这种复合元音并不是两个元音或三个元音的简单相加，而是一种新的固定的音组，在口、耳里与单元韵有同感，应把它们作为一个个语音整体。

复元音韵母简称复韵母，包括ai、ei、ao、ou、ia、ie、iao、iou、ua、uo、uai、uei、üe，共十三个。

复韵母的发音有两个特点：第一，发音时从一个元音到另一个元音是逐渐过渡的，而不是跳跃的，中间有许多过渡音，例如发ao时，先发a，然后舌位逐渐升高、后移，嘴唇逐渐收圆，最后发出o。第二，各元音的响度不等，响度大的元音在前的，叫作前响复韵母；响度大的元音在后的，叫作后响复韵母；响度大的元音在中间的，叫作中响复韵母，中响复韵母一定是三合复韵母。

二合复韵母：ai、ei、ao、ou、ia、ie、ua、uo、üe

二合前响复韵母

ai　例：哀、来、该、爱戴、白菜。
ei　例：每、类、黑、配备、肥美。
ao　例：熬、涝、靠、烧烤、报告。
ou　例：欧、漏、扣、口头、守候。

二合后响复韵母：

ia　例：呀、家、下、加价、假牙。
ie　例：耶、姐、谢、结业、贴切。
ua　例：蛙、刷、瓜、挂画、花袜。
uo　例：窝、说、活、骆驼、错过。
üe　例：曰、学、决、约略、雀跃。

三合中响复韵母：

iao　例：腰、聊、叫、巧妙、逍遥。
iou　例：忧、流、救、悠久、绣球。
uai　例：歪、怀、帅、摔坏、外快。
uei　例：威、回、睡、追随、摧毁。

4. 韵母绕口令训练

a：门前有八匹大伊犁马，你爱拉哪匹马拉哪匹马。(《伊犁马》)

e：坡上立着一只鹅，坡下就是一条河。宽宽的河，肥肥的鹅，鹅要过河，河要渡鹅。不知是鹅过河，还是河渡鹅。(《鹅》)

i：一二三，三二一，一二三四五六七。七个阿姨来摘果，七个花篮儿手中提。七棵树上结七样儿，苹果、桃儿、石榴、柿子、李子、栗子、梨。(《七棵树上结七样儿》)

u：鼓上画只虎，破了拿布补。不知布补鼓，还是布补虎。(《鼓上画只虎》)

i-ü：这天天下雨，体育局穿绿雨衣的女小吕，去找穿绿运动衣的女老李。穿绿雨衣的女小吕，没找到穿绿运动衣的女老李，穿绿运动衣的女老李，也没见着穿绿雨衣的女小吕。(《女小吕和女老李》)

er：要说"尔"专说"尔"/马尔代夫，喀布尔/阿尔巴尼亚，尼泊尔/贝尔格莱德，安道尔/萨尔瓦多，伯尔尼/利伯维尔，班珠尔/厄瓜多尔，塞舌尔/哈密尔顿，尼日尔/圣彼埃尔，巴斯特尔/塞内加尔的达喀尔，阿尔及利亚的阿尔及尔。

-i（前）：一个大嫂子，一个大小子。大嫂子跟大小子比包饺子，看是大嫂子包的饺子好，还是大小子包的饺子好，再看大嫂子包的饺子少，还是大小子包的饺子少。大嫂子包的饺子又小又好又不少，大小子包的饺子又小又少又不好。(《大嫂子和大小子》)

-i（后）：知之为知之，不知为不知，不以不知为知之，不以知之为不知，唯此才能求真知。(《知之为知之》)

ai：买白菜，搭海带，不买海带就别买大白菜。买卖改，不搭卖，不买海带也能买到大白菜。(《白菜和海带》)

ei：贝贝飞纸飞机，菲菲要贝贝的纸飞机，贝贝不给菲菲自己的纸飞机，贝贝教菲菲自己做能飞的纸飞机。(《贝贝和菲菲》)

ai-ei：大妹和小妹，一起去收麦。大妹割大麦，小妹割小麦。大妹帮小妹挑小麦，小妹帮大妹挑大麦。大妹小妹收完麦，噼噼啪啪齐打麦。(《大妹和小妹》)

ao：隔着墙头扔草帽，也不知草帽套老头儿，也不知老头儿套草帽。(《扔草帽》)

ou：忽听门外人咬狗，拿起门来开开手；拾起狗来打砖头，又被砖头咬了手；从来不说颠倒话，口袋驮着骡子走。(《忽听门外人咬狗》)

an：出前门，往正南，有个面铺面冲南，门口挂着蓝布棉门帘。摘了它的蓝布棉门帘，棉铺面冲南，给它挂上蓝布棉门帘，面铺还是面冲南。(《蓝布棉门帘》)

en：小陈去卖针，小沈去卖盆。俩人挑着担，一起出了门。小陈喊卖针，小沈喊卖盆。也不知是谁卖针，也不知是谁卖盆。(《小陈和小沈》)

ang：海水长，长长长，长长长消。(《海水长》)

eng：郑政捧着盏台灯，彭澎扛着架屏风，彭澎让郑政扛屏风，郑政让彭澎捧台灯。(《台灯和屏风》)

ang-an：张康当董事长，詹丹当厂长，张康帮助詹丹，詹丹帮助张康。(《张康和詹丹》)

eng-en：陈庄程庄都有城，陈庄城通程庄城。陈庄城和程庄城，两庄城墙都有门。陈庄城进程庄人，陈庄人进程庄城。请问陈程两庄城，两庄城门都进人，哪个城进陈庄人，

程庄人进哪个城。(《陈庄城和程庄城》)

ang-eng：长城长，城墙长，长长长城长城墙，城墙长长城长长。(《长城长》)

ia：天上飘着一片霞，水上漂着一群鸭。霞是五彩霞，鸭是麻花鸭。麻花鸭游进五彩霞，五彩霞挽住麻花鸭。乐坏了鸭，拍碎了霞，分不清是鸭还是霞。(《鸭和霞》)

ie：姐姐借刀切茄子，去把儿去叶儿斜切丝，切好茄子烧茄子、炒茄子、蒸茄子，还有一碗焖茄子。(《茄子》)

iao：水上漂着一只表，表上落着一只鸟。鸟看表，表瞪鸟，鸟不认识表，表也不认识鸟（《鸟看表》)。

iou：一葫芦酒，九两六。一葫芦油，六两九。六两九的油，要换九两六的酒，九两六的酒，不换六两九的油。(《酒换油》)

ian：半边莲，莲半边，半边莲长在山涧边。半边天路过山涧边，发现这片半边莲。半边天拿来一把镰，割了半筐半边莲。半筐半边莲，送给边防连。(《半边莲》)

in：你也勤来我也勤，生产同心土变金。工人农民亲兄弟，心心相印团结紧。(《土变金》)

iang：杨家养了一只羊，蒋家修了一道墙。杨家的羊撞倒了蒋家的墙，蒋家的墙压死了杨家的羊。杨家要蒋家赔杨家的羊，蒋家要杨家赔蒋家的墙。(《杨家养了一只羊》)

ing：天上七颗星，树上七只鹰，梁上七个钉，台上七盏灯。拿扇扇了灯，用手拔了钉，举枪打了鹰，乌云盖了星。(《天上七颗星》)

ua：一个胖娃娃，画了三个大花活蛤蟆；三个胖娃娃，画不出一个大花活蛤蟆。画不出一个大花活蛤蟆的三个胖娃娃，真不如画了三个大花活蛤蟆的一个胖娃娃。(《画蛤蟆》)

uo（o）：狼打柴，狗烧火，猫儿上炕捏窝窝，雀儿飞来蒸饽饽。(《狼打柴狗烧火》)

uai：槐树槐，槐树槐，槐树底下搭戏台，人家的姑娘都来了，我家的姑娘还不来。说着说着就来了，骑着驴，打着伞，歪着脑袋上戏台。(《槐树槐》)

uei：威威、伟伟和卫卫，拿着水杯去接水。威威让伟伟，伟伟让卫卫，卫卫让威威，没人先接水。一二三，排好队，一个一个来接水。(《接水》)

uang：王庄卖筐，匡庄卖网，王庄卖筐不卖网，匡庄卖网不卖筐，你要买筐别去匡庄去王庄，你要买网别去王庄去匡庄。(《王庄和匡庄》)

ueng：老翁卖酒老翁买，老翁买酒老翁卖。(《老翁和老翁》)

ong：冲冲栽了十畦葱，松松栽了十棵松。冲冲说栽松不如栽葱，松松说栽葱不如栽松。是栽松不如栽葱，还是栽葱不如栽松。(《栽葱和栽松》)

uan-uang：那边划来一艘船，这边漂去一张床，船床河中互相撞，不知船撞床，还是床撞船。(《船和床》)

uan-an：大帆船，小帆船，竖起桅杆撑起船。风吹帆，帆引船，帆船顺风转海湾。(《帆船》)

uen-en：孙伦打靶真叫准，半蹲射击特别神，本是半路出家人，摸爬滚打练成神。(《孙伦打靶》)

üe：真绝，真绝，真叫绝，皓月当空下大雪，麻雀游泳不飞跃，鹊巢鸠占鹊喜悦。

(《真绝》)

ün：军车运来一堆裙，一色军用绿色裙。军训女生一大群，换下花裙换绿裙。(《换裙子》)

üan：圆圈圆，圈圆圈，圆圆娟娟画圆圈。娟娟画的圈连圈，圆圆画的圈套圈。娟娟圆圆比圆圈，看看谁的圆圈圆。(《画圆圈》)

iong：小涌勇敢学游泳，勇敢游泳是英雄。(《学游泳》)

绕口令训练的重要性

四、声调训练

调值，是指依附在音节里高低升降的音高变化的固定格式，也就是声调的实际音值或读法。

调值主要由音高构成，音的高低取决于频率的高低。普通话声调的训练应注意单音节字、双音节词语的练习，一定要注意强调调值的准确，要符合一定的规格，这是基础。在有内容的句、段、文章、稿件的表达时，则要注意强调调值的相对音高。为凸显语句重音，明确语句目的，就不应把所有音节都处理在同一个5度之内。也只有把握一定规格，打好基础，才能处理好调值音高的变化，配合音强、音长、音色等的变化，以及其他表达技巧，突出语句重音，准确表述语句的声调调值，见图1-1。

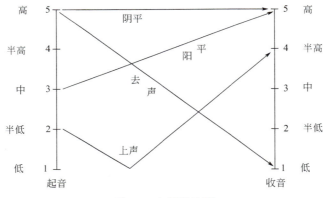

图1-1 声调调值图

1．阴平

从5度到5度，声调没有明显的变化，平稳高亢，调值为5-5。

例如：参加、西安、播音、工兵、拥军、东风。

2．阳平

从3度到5度，中音升至高音，声音从中音域提升到高音域。声音逐渐绷紧直至最紧。

例如：资源、坚决、鲜明、工人、飘扬。

3．上声

从2度降到1度再提升到4度。声音由紧张到松弛再到紧张。松弛过后要稍稍延长，然后迅速紧绷。

例如：批准、发展、班长、听讲、黑板、刚果。

4. 去声

从5度降到1度。声带从紧绷到完全松弛。声音由高到低，音长短而有力。

例如：日月、布告、大厦、惧怕、画像、自传。

训练题

1. 四字词练习

通过四字词练习，可以锻炼灵活运用四声正音的技巧，读的时候，要体会气息的运动状态，放开声一口气很通畅地读出来。

第一组：

百炼成钢	波澜壮阔	排山倒海	喷薄欲出	满园春色	名不虚传	发奋图强
翻江倒海	大快人心	当机立断	谈笑风生	滔滔不绝	鸟语花香	逆水行舟
老当益壮	雷厉风行	盖世无双	高瞻远瞩	慷慨激昂	开卷有益	豪言壮语
和风细雨	艰苦奋斗	锦绣河山	千军万马	晴天霹雳	喜笑颜开	响彻云霄
朝气蓬勃	专心致志	称心如意	超群绝伦			

第二组：

暴风骤雨	鹏程万里	满腔热情	丰功伟绩	颠扑不破	天衣无缝	能者多劳
力挽狂澜	攻无不克	克敌制胜	横扫千军	继往开来	气壮山河	心潮澎湃
咫尺天涯	赤子之心	壁垒森严	普天同庆	目不转睛	赴汤蹈火	斗志昂扬
推陈出新	宁死不屈	龙飞凤舞	光彩夺目	快马加鞭	呼风唤雨	举世无双
群威群胆	栩栩如生	辗转反侧	出奇制胜	山水相连	日新月异	赞不绝口
层出不穷	四海为家	深情厚谊	人才辈出	再接再厉	沧海一粟	三思而行
生龙活虎	饶有风趣					

2. 变调绕口令练习

（1）一二三

一二三,三二一,一二三四五六七,七六五四三二一。

一个姑娘来摘李，一个小伙儿来摘梨，一个小孩儿来拣栗。

三个人一起出大力，收完李子栗子梨，一起拉到市上去赶集。

（2）报花名

有君子兰、广玉兰，米兰、剑兰、凤展兰。白兰花、百合花，茶花、桂花、喇叭花。长寿花、芍药花、芙蓉花、丁香花。扶郎花、蔷薇花、桃花、樱花、金钟花。花中之王牡丹花，花中皇后月季花。凌波仙子水仙花，月下公主是昙花。清新淡雅吊兰花，浪漫多彩杜鹃花。芳香四溢茉莉花，金钟倒挂灯笼花。一花先开的金盏花，二度梅、三莲花。四季海棠，四季花，五彩梅，五彩的花。六月雪开的是白花，七星花是个大瓣花。八宝花是吉祥的花，九月菊是仲秋花。日月红、百兰花，千日红本是变色花。万年青看青不看花。

第二章

航空播音发音训练

第一节 发音基础训练

一、口部操的概念

口部操是播音主持非常重要的一个练习步骤,发音之前必须先做口部操,让唇和舌得到充分的放松和锻炼,这样才能使得每一个发出的词语更加饱满、圆润。口部训练以唇舌力量的训练为主,常做口部操,可以有效地加强唇舌力量,提高唇舌灵活度,使发出的声音干净、明亮,更集中。

二、口部操的分类

1. 双唇伸收运动

双唇伸收运动是锻炼嘴唇力量的运动,它分为两个部分。伸:将双唇嘟起,尽最大努力前伸。收:使劲儿微笑,将嘴角向耳根靠拢,注意不要露出牙齿。见图2-1、图2-2。

图2-1 双唇伸收运动——伸

图2-2 双唇伸收运动——收

双唇伸收运动

2. 双唇左右运动

将双唇用力向前嘟起,用力向左拉伸,接着向右拉伸,反复进行训练,训练过程中注意双唇的统一性,拉伸的过程稍作停留,使左右两侧的肌肉得到最大程度的锻炼。见图2-3、图2-4。

3. 双唇环绕运动

将双唇用力向前嘟起,首先双唇向上碰触鼻尖(见图2-5),接着用力向左拉伸,之后双唇向靠近下颚方向拉伸(见图2-6),最后向右拉伸,简明扼要地概括就是双唇依次画一个圈。每一个动作分解都要稍作停留,达到锻炼肌肉的效果。

4. 口的开合运动

张嘴时像打哈欠(打槽牙、挺软腭)(见图2-7),闭嘴时如啃苹果(松下巴),练习主要是为口的开合打基础。要领是开口的动作要柔和,不要像平时真的打哈欠一样,两嘴角尽量向斜上方抬起,上下唇稍放松,舌自然放平。

5. 左右顶舌运动

双唇紧闭,用舌尖顶住左内脸颊,用力顶,似小孩儿嘴里有糖状,然后,用舌尖顶住右内脸颊,做同样的练习,这样反复进行。顶住左右脸颊时,要控制好节奏,感受到舌根发酸后方能达到锻炼的效果,见图2-8、图2-9。

图2-3 双唇左右运动——左

图2-4 双唇左右运动—右

双唇左右运动

图2-5 双唇环绕运动——上

图2-6 双唇环绕运动——下

双唇环绕运动

口的开合运动

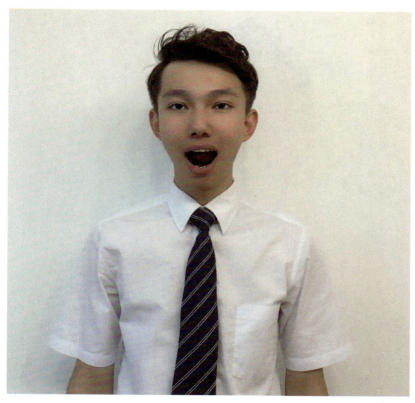

图2-7 口的开合运动——开

图2-8 左右顶舌运动——右

图2-9 左右顶舌运动——左

左右顶舌运动

6. 舌的环绕运动

把舌尖伸到口腔前庭,也就是把舌尖伸到齿外双唇内,在口腔内按逆时针方向环绕360度。即第一步上门齿外,接着用舌尖顶住左脸颊,然后舌尖伸到下门齿外,最后舌尖顶住右脸颊,再回归到上门齿。之后按顺时针方向环绕360度。

舌的环绕运动

第二节
呼吸训练

一、呼吸控制

在播音发声过程中,呼出的气息是人体发声的动力。

声音的强弱、高低、长短,以及共鸣的运用,与呼出气流的速度、流量、密度都有直接的关系。气流的变化关系到声音的响亮度、清晰度,以及音色的优美、圆润,嗓音的持久性及情绪的饱满、充沛。也就是说,只有在呼吸得到控制的基础上,才能谈到声音的控制。

呼吸的作用还不仅限于作为发声的动力，它还是一种极重要的表达手段，是情与声之间的桥梁。要使声音能自如地表情达意，必须学会对呼吸的控制与运用。

二、呼吸方法

人的呼吸有3种基本方式：腹式呼吸、胸式呼吸与胸腹联合式呼吸。它们各有特点，掌握它们的特点，特别是胸腹联合式呼吸的特点，对播音主持很有帮助。

1．腹式呼吸

腹式呼吸是以膈肌活动带动肺扩张或收缩，形成吸气和呼气动作的呼吸方式。膈肌是处于胸腔和腹腔之间的肌肉纤维结构，又被称为横膈或横膈膜。腹式呼吸在吸气时，膈肌收缩。于是，朝胸腔凸起的横膈收缩向下，趋于平直，在横膈带动下，肺被向下拉动扩张，气流吸入。呼气时，膈膜放松，横膈膜回弹，气流在挤压作用下从口鼻腔呼出。在呼吸过程中腹部会有明显起伏，因此这种呼吸被称为腹式呼吸。

腹式呼吸是人的自然呼吸方式，膈肌的活动是不受大脑意识支配的自律性运动，人在出生之后就具有这种呼吸能力。在生活语言状态下发音时，会使用这种呼吸方式。这种呼吸方式基本上处于自然状态，它在呼吸过程中缺少控制，发音时间不长，气流也不够稳定，但这种呼吸气息放松，声音自然，感情色彩较为丰富。再者，由于膈肌有较大的活动余地，腹式呼吸可以有较大的气息变化幅度。

有人认为腹式呼吸吸气量小，在播音中没有使用价值，这种认识是不全面的。生活语言中使用的腹式呼吸，由于话语较短，气息需求量小，呼吸深度不大，有较大的呼吸潜力并未被使用。腹式呼吸放松、自然，且呼吸可有较大范围的变化，在语句简短的讲述类节目中经常用到。当然，播音时若使用腹式呼吸，呼吸的气息量要比日常口语大。

2．胸式呼吸

胸式呼吸是以胸廓扩张或收缩带动肺部扩大或缩小形成呼气和吸气的呼吸方式。在人体中，除了横膈活动带动肺扩张之外，肺还可以在胸廓的作用下横向扩张。胸廓是指由肋骨和附在上面的肌肉组织构成的桶状结构，它环绕着胸腔。肋骨构成胸廓的框架，附着在肋骨之间的肋间肌肉可以通过不同的收缩方式改变肋骨的位置，使胸径扩大或缩小，以此带动肺向四周扩张或缩小，这种呼吸方式被称为胸式呼吸。

胸式呼吸气息量较小。一般情况下，胸式呼吸往往是腹式呼吸的补充。正常呼吸时，如果横膈的下降没有受到阻碍，应该是先有腹式呼吸。当横膈下降到一定程度，下降阻力变大时，如果还需要进一步吸气，这时，作为对腹式呼吸的补充，胸廓的扩张才会变得明显。

在正常情况下，人们的呼吸是以腹式呼吸为主，胸式呼吸往往不会单独出现。出现单纯胸式呼吸，常常预示着横膈下降严重受阻。这种状态往往是非正常的。对于播音员和主持人而言，造成以胸式呼吸为主这种非正常呼吸状态的最常见原因是心理紧张。紧张会使身体的各部分肌肉处于绷紧状态，腹部肌肉的紧张收缩会使腹腔压力增大，造成横膈下降困难。在这种情况下，胸廓的作用明显加强，形成以胸式呼吸为主的呼吸状态。消除心理紧张，使身体处于放松状态，是避免胸式呼吸的主要方法。除了心理紧张，进食过饱、吸气时收腹过度、不正确的身体姿势等也会造成以胸式呼吸为主的呼吸状态。

胸式呼吸还会出现在某些强烈的情绪状态中，当人们处于兴奋、恐惧、惊喜等状态时，身体的肌肉组织会呈现紧张状态，这时，横膈下降也会受到阻碍。在表现这些情绪色彩时，可以有意识地运用胸式呼吸，以丰富语言的感情表现力。

3. 胸腹联合式呼吸

胸腹联合式呼吸是横膈升降与胸廓扩张、收缩相结合的呼吸方式。这种呼吸方式在日常生活中并不经常使用。对许多人来说，这种呼吸方式需要经过训练才能有意识地使用。胸腹联合式呼吸可以满足播音气息量大、进气快和发音时间长的需要，是播音员和主持人应当掌握的基本呼吸技巧。

胸腹联合式呼吸是胸式呼吸和腹式呼吸相结合的呼吸方式。这种结合并不是简单的相加，它利用腹式呼吸吸气量大和胸式呼吸的补气作用，尽可能地加大吸气量，呼气时，则利用适当的控制手段，保持呼气的均匀，延长发音时间。

胸腹联合式呼吸可分为吸气和呼气两个阶段。

（1）吸气

吸气时，口、鼻同时进气，这样可以提高吸气速度。当发音速度较快时，用于换气的时间常常很短暂，在这种情况下，应尽量缩短吸气的时间，以保持语句的连贯。在吸气过程中可采用两种控制方式。

一种是当吸气时间比较充裕时，可采用先腹式、后胸式的吸气方式。运用这种吸气方式，腹部处于相对松弛状态，先利用横膈下降吸入气息，待小腹有膨胀感后，再利用胸廓的扩张进一步吸入气息，这时，两肋有张开的感觉。在深吸气闻花香时常使用这种吸气方式。

另一种是在吸气时小腹适当收缩，保持腹部略微向上的压力，然后膈肌下降，吸入气息。由于膈肌下降时遇到阻力，胸廓会采取扩大胸径的方式吸入气息加以补偿，于是，腹式呼吸和胸式呼吸同时动作。这种吸气方式如控制得当，可以在很短时间内吸入较多的气息。在较为急促的呼吸状态下常使用这种吸气方式。

这两种吸气方式可被称为"顺序吸气法"和"同时吸气法"。在需要较大气息量，但语言状态较为放松时，可以使用"顺序吸气法"；在需要较大气息量，语言状态较为紧张、急促时，可以使用"同时吸气法"。这两种吸气方法可以根据播讲的需要灵活使用。播音使用的胸腹联合式呼吸，吸气时腹部肌肉应保持略微收缩，并非完全松弛。腹部适当收缩可为呼气发音做准备。

（2）呼气

胸腹联合式呼吸的呼气阶段是整个呼吸过程的关键。为了保持较长的呼气时间和提供稳定的气流，通常在呼气时采用肌肉力量对抗方式控制气流的呼出，而不采用单纯膈肌放松回弹方式控制气流。

在人的身体中，常常通过两组作用力相反的肌肉控制某一器官的运动，当在做微小的精细动作时，两种作用相反的肌肉可以同时产生作用力，利用两种力的力量差控制运动量，使器官做精细的运动。呼气时，可以利用放松膈肌，使横膈回弹的方式产生气流。但这种呼气方式产生的气息不稳定，缺少力度，发音不易控制，声音会先大后小。另一种呼气方式是采用肌肉力量对抗控制呼气。首先，在吸气阶段就让腹部肌肉略微收缩，做好呼气准备。这种收缩力量很小，若力量太大会影响膈肌下降和气息下沉，造成吸气量减少。进入呼气阶段时，腹肌收缩力量加大，产生向上挤压的力量，与此同时，吸气时膈肌收缩下降的力量并未消除，于是，促使膈肌向上和向下的力量形成对抗，当腹部向上挤压的力量大于膈肌收缩下降的力量时，膈肌回升，气流呼出。需要气息量大的时候，可以通过加大腹肌力量，增大腹腔对胸腔的压力或减小膈肌收缩力量，提高膈肌上升力度。需要气息量小的时候，可以用加大膈肌下压力量或减小腹肌上压力量的方式降低膈肌上升力度。当语句之中停顿，不需要气流时，可以用膈肌下压和腹肌上压力量相等的方式使呼气保持静止状态，以节省气流。胸廓也可以利用肋骨之间肋间肌的力量对抗来控制其扩张和收缩。当然，由于胸廓的呼吸作用有限，这种控制远不如横膈那样明显。

胸腹联合式呼吸依靠肌肉力量对抗完成呼吸过程，因此需要较长时间的体能锻炼，肌肉组织具有一定力量才能显示出效果。需要注意的是，在使用这种呼吸方式时，如果控制过度，反而会造成气息僵死，那样的话，语言的表现力不仅得不到增强，反而会被削弱。呼吸运动过程见图2-10。

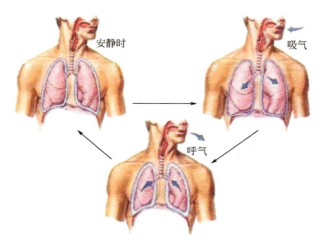

图2-10　呼吸运动过程图

三、呼吸训练方法

1. 慢吸慢呼

身体保持站立姿势，双肩打开，双腿与肩同宽，头保持正视前方，呼吸顺序：①吸气，用鼻子缓慢地将气吸入丹田。②控制气息，将气储存在丹田，控制1～5秒。③呼气，将丹田内的气匀速地由嘴巴呼出，呼出时发出"嘶"的声音，以控制气流呼出的程度。整个呼吸过程要求气息均匀、平稳地呼出。

慢吸慢呼注意事项

2. 慢吸快呼

身体保持站立姿势，双肩打开，双腿与肩同宽，头保持正视前方，呼吸顺序：①吸气，用鼻子将气缓慢地（3～4秒内）吸入丹田。②控制气息，将气储存在丹田，控制1～5秒。③呼气，丹田发力将储存的气迅速地由嘴巴呼出，呼出时发出"哈"的声音，将气息全部一次性呼出。整个呼吸过程要求气息迅速地呼出。呼吸方式见图2-11。

图2-11 呼吸方式

3. 快吸慢呼

身体保持站立姿势，双肩打开，双腿与肩同宽，头保持正视前方，呼吸顺序：①吸气，用鼻子将气迅速地（1~2秒内）吸入丹田。②控制气息，将气储存在丹田，控制1~5秒，注意气息储存的位置，见图2-12。③呼气，将丹田内的气匀速地由嘴巴呼出，呼出时发出"嘶"的声音，以控制气流呼出的程度，呼出气息的时间越长越好。整个呼吸过程要求气息均匀、平稳地呼出。

图2-12 气息储存的位置

快吸慢呼注意事项

4. 快吸快呼

身体保持站立姿势，双肩打开，双腿与肩同宽，头保持正视前方，呼吸顺序：① 吸气，用鼻子将气迅速地（1～2秒内）吸入丹田。② 控制气息，将气储存在丹田，控制1～5秒。③ 呼气，丹田发力将储存的气迅速地由嘴巴呼出，呼出时发出"哈"的声音，将气息全部一次性呼出。整个呼吸过程要求气息迅速地呼出。

知识拓展

呼吸训练内容

1. 绕口令

要求：开始做练习的时候，中间可以适当换气，练到气息有了控制能力时，逐渐减少换气次数，最后要争取一口气说完。

（1）出东门

出东门，过大桥，大桥底下一树枣儿，拿着杆子去打枣，青的多，红的少。一个枣儿，两个枣儿，三个枣儿，四个枣儿，五个枣儿，六个枣儿，七个枣儿，八个枣儿，九个枣儿，十个枣儿……

（2）酸枣子

山上住着三老子，山下住着三小子，山当腰住着三哥三嫂子。山下三小子，找山当腰三哥三嫂子，借三斗三升酸枣子，山当腰三哥三嫂子，借给山下三小子三斗三升酸枣子。山下三小子，又找山上三老子，借三斗三升酸枣子，山上三老子，还没有三斗三升酸枣子，只好到山当腰找三哥三嫂子，给山下三小子借了三斗三升酸枣子。过年山下三小子打下酸枣子，还了山当腰三哥三嫂子，两个三斗三升酸枣子。

（3）两个排

营房里出来两个排，直奔正北菜园来，一排浇菠菜，二排砍白菜。剩下八百八十八棵大白菜没有掰。一排浇完了菠菜，又把八百八十八棵大白菜掰下来；二排砍完白菜，把一排掰下来的八百八十八棵大白菜背回来。

（4）登山

三月三，小三去登山。上山又下山，下山又上山。登了三次山，跑了三里三。出了一身汗，湿了三件衫。小三山上大声喊："离天只有三尺三！"

（5）六十六头牛

六十六岁的陆老头，盖了六十六间楼，买了六十六篓油，养了六十六头牛，栽了六十六棵垂杨柳。六十六篓油，堆在六十六间楼；六十六头牛，扣在六十六棵垂杨柳。忽然一阵狂风起，吹倒了六十六间楼，翻倒了六十六篓油，折断了六十六棵垂杨柳，砸死了六十六头牛，急煞了六十六岁的陆老头。

（6）白老八

白老八门前栽了八棵白果树，从北边飞来了八个白八哥儿不知在哪儿住。白老八拿了八个巴达棍儿要打八个白八哥儿，八个白八哥儿飞上了八棵白果树，不知道白老八拿这八个巴达棍儿打着了八个白八哥儿,还是打着了八棵白果树。

2. 夸张四声练习

(1)选择韵母因素较多的词语或成语,运用共鸣技巧做夸张四声的训练。如:发——愤——图——强——

(2)大声呼唤练习

假设某人在离自己100米处,大声呼唤:王——同——学——,班——主——任——找——你!快——回——来——

四、声音弹性

1. 什么是声音弹性?

声音弹性是指声音对于人们变化着的思想感情的适应能力,简单地说,就是声音随情感变化而产生的伸缩性、可变性。

有声语言表达要求有声语言工作者的声音对于变化着的思想感情有极强的适应能力、"造型"能力。在表演艺术中,将其称为"声音化妆"。虽然播音语言对声音弹性的要求与表演语言的角色化要求不尽相同,但对声音的变化性、丰富性、感染力的追求却是一致的。因此,可以说,播音发声或其他有声语言艺术训练的一个很重要的目的,就是获得声音的弹性。

声音弹性,简而言之,就是声音的伸缩性、可变性,其最本质的特点就是声音的变化。从根本上而言,这种变化是播音员、主持人依据文本对语言表达的要求,是在播音主持创作中,随着思想感情的变化,对声音形式的一种有创意的设计、把握。

2. 声音弹性训练

(1)扩展音域,加大音量,控制气息

练习时,注意声音的高低、强弱、虚实、刚柔、厚薄、明暗等变化。

A. a、i、u由低音向上滑动,再从高音向下滑动。

B. /a/、/i/绕音,螺旋式上绕、下绕练习。

C. 远距离对话练习,练习时随时改变距离。

甲:喂——,喂——,小芳——

乙:哎——

甲:快——来——啊——

乙:怎么了——呀——

甲:一起去看——电——影——吧

乙:好——啊!

(2)夸张声音,加大运动幅度,用丹田气发声

快板是最明显的例子,想象说快板的演员发声的状态,自己找一段快板试试,体会声音的弹性。

语言工作者说话时,语言负载量大、信息量大,情感变化幅度也大,要在自然朴实的基础上逐步培养一种富于色彩的、有感染力的、有表现力的声音,使发声技巧与作品内容和谐统一,让声音能够适应情感的发展和内容的需要,这就是训练声音弹性的目的。除深入理解稿件内容、主题、宣传目的外,应加强声音的各项对比训练,这是提高声音弹性和丰富声音色彩的有效办法。对比训练的要素大致有:

强——弱　高——低　轻——重　明——暗　刚——柔　实——虚
前——后　宽——窄　扬——抑　厚——薄　粗——细　松——紧

(3) 古诗词练读

古诗词是练习声音弹性的好材料,朗读时要求气息贯通且有深浅、急徐等方面的变化。练读时应注意虚实明暗、强弱高低、刚柔断连的处理。

早发白帝城
李白
朝辞白帝彩云间,千里江陵一日还。
两岸猿声啼不住,轻舟已过万重山。

练读提示

诗人朝发白帝,暮至江陵,舟行一日,水程千里,其迅疾自不待言,其喜悦更不待言。作品如三峡流水,于一气奔放中寓流转回荡之美。表达时应将作者喜悦的情感融于作品的场景之中。

望庐山瀑布
李白
日照香炉生紫烟,遥看瀑布挂前川。
飞流直下三千尺,疑是银河落九天。

练读提示

这是一首气势磅礴的山水诗。作者用丰富的想象,把庐山瀑布描写得气势恢宏,极为壮观,表达了诗人对祖国锦绣山河的赞美之情。朗诵时应注意对遥看中的瀑布全景和飞流直下的壮观景色的描绘。可以设想随着李白这位"导游"的眼光去品赏,认真体会诗人博大的胸襟,并处理好每句诗中的动词"照""生""看""挂""下""疑""落"。

泊秦淮
杜牧
烟笼寒水月笼沙,夜泊秦淮近酒家。
商女不知亡国恨,隔江犹唱《后庭花》。

练读提示

流经金陵的秦淮河是六朝有名的歌舞繁华之地。此刻六朝早已灭亡，在烟雨迷蒙、水寒沙白的秦淮之夜，在临河的酒家里，那不识忧愁的歌女却依然轻拍檀板，漫舒歌喉，一遍又一遍地唱着哀怨的歌曲。虽是客中偶感，却不无警世之意。朗诵时应体味和感受作者身处乱世、心忧庙堂的悲凉心境。

念奴娇·赤壁怀古

苏轼

大江东去，浪淘尽，千古风流人物。故垒西边，人道是，三国周郎赤壁。乱石穿空，惊涛拍岸，卷起千堆雪。江山如画，一时多少豪杰。

遥想公瑾当年，小乔初嫁了，雄姿英发。羽扇纶巾，谈笑间，樯橹灰飞烟灭。故国神游，多情应笑我，早生华发。人生如梦，一尊还酹江月。

练读提示

这首词描绘了赤壁的壮丽景色，歌颂了三国时期英雄的功业，抒发了对古代英雄的向往和自己未能建功立业的感慨。词的上阕描绘江山美景，展现雄伟的画卷，由此产生联想，回顾历史风云，情景交融，浑然一体。朗诵时应注意对声音弹性的运用，让声音形式随着感情的变化而变化。词的下阕怀古伤今，颂扬周瑜青年时期就建功立业，感叹自己已过中年却功业不就，抱负未展，只能以酒遣愁。朗诵时注意声音形式的对比度，以适应内容、情绪的变化，彰显有声语言的表现力和感染力。

（4）散文练读

要求：朗诵时应在情感激荡、感受准确的前提下，让有弹性的声音与表达技巧融汇配合，使文字作品锦上添花。

非洲的戈壁滩上，有一种叫依米的小花。花呈四瓣，每瓣自成一色：红、白、黄、蓝。它的独特并不止于此。在那里，根系庞大的植物才能很好地生长，而它的根却只有一条，蜿蜒盘曲着插入地底深处。通常，它要花费五年的时间来完成根茎的穿插工作，然后，一点一点地积蓄养分，在第六年春，才在地面吐绿绽翠，开出一朵小小的四色鲜花。尤其让人们惋叹的是，这种极难长成的依米小花，花期并不长，仅仅两天工夫，它便随母株一起香消玉殒。

依米花的生长和蝉的生命历程有着惊人的相似。它们只是大自然万千家族中极为弱小的一员，可是，它们却以其独特的生命方式向世人昭告：生命一次，美丽一次。

一次，便足矣！

一次的青春，一次的成功，一次的勇往直前，一次的轰轰烈烈，一次的无悔人生……

一次，仅仅一次，却需要长时间坚韧不拔的进取和历尽艰辛的跋涉，它甚至需要耗尽一个人一世的光阴、毕生的精力！

人生的路途远比依米花的一生漫长，可是，在这段漫漫求索的艰辛历程中，并非一定会比依米花做得更好。

（5）诗歌练读

我爱你，中国！

当灿烂的太阳跳出了你东海的碧波，
你的帕米尔高原上依然是群星闪烁。
当你的北国还是银装素裹的世界啊！
你的南疆早已到处洋溢着盎然的春色。
我爱你，中国！
我爱你敦煌飞天的曼舞轻歌，
杭州西湖的淡妆浓抹，
桂林山水的清奇秀丽，
黄山云海的神秘莫测。
我爱你，中国！
我爱你世界屋脊上布达拉宫的巍峨，
傣家竹楼前如水的月色，
吐鲁番的葡萄哈密的瓜，
呼伦贝尔大草原上的羊群就像蓝天上飘动的洁白的云朵。
我爱你，中国！
我爱你青年人的热情奔放，
中年人的深沉不惑，
孩子们天真烂漫的笑脸，
老人们跳起的晚霞迪斯科。
我爱你，中国！
我爱你战国编钟奏出的古曲，
我爱你腾飞时代唱出的新歌，
我爱你黄昏里紫禁城那层层殿宇，
我爱你夜色中现代建筑上辉煌的灯火。
我爱你，中国！
我爱你腾空的蘑菇云驱走了荒原的寂寞，
我爱你南极长城站传来的电波，
我爱你送走瘟神病魔的喜悦啊，
我爱你奥运史上零的突破。
我爱你，中国！
几度阴晴，几度离合，
几度舒缓，几度壮阔，
我爱你斗争、创造谱写的史册。
几番耕耘，几番收获，
几番荒芜，几番蓬勃，

我爱你血水、汗水浇灌的肥沃。
几多欢乐，几多苦涩，
几多失落，几多赢得，
我爱你坚韧、执着塑造的性格。
我爱你博大的胸怀，
我爱你恢宏的气魄，
我爱你祖祖辈辈生生不息跳动的脉搏啊。
我爱你，中国！
你是涅槃的烈火中飞出的金凤凰啊，
你是神州大地上舞动的巨龙。
你是东方的醒狮啊，
你是我们刚刚走过六十年风风雨雨的伟大的人民共和国，
我爱你，中国！
你经历了苦难与蹉跎，
你饱尝了屈辱与折磨。
你有愚昧和不足，
你有弊病与贫弱。
是的，
我们不应妄自尊大，
但我们也绝不妄自菲薄。
我们思虑，我们焦灼，
我们奋发，我们开拓，
我们努力，我们探索，
我们跋涉，我们拼搏！
我们要让你古老的大地焕发出更加耀眼的青春的光泽，
我们要让你成为世界民族之林中繁荣、富强、文明、民主的佼佼者。
我们为你骄傲，
我们为你自豪，
我们热爱你啊，中国！

练读提示

澎湃的激情，沸腾的想象，深邃的意境，和谐的韵律是作品的四大特征。朗诵时应从声音上立体地展示这些特点。抒情部分应豪放激昂，但表达对往事的回忆和反思时则要放低音量，沉缓凝重，在转折与过渡时，力求衔接自然。在总体把握上，要讲究层次感和推进感。

五、科学保护嗓音训练

保护嗓子是空中乘务人员等职业工作者的迫切要求，由于工作的特点，空中乘务人员容易患上与发声器官有关的职业病，会直接影响到职业寿命。"工欲善其事，必先利其器"，因此练好嗓音，用好嗓音，科学地保护好自己的嗓子，是每一位空中乘务人员都需要认真对待的事情。

科学护嗓方法如下。

1. 改正不良发声习惯

要养成科学的发声习惯，音色过于响亮会极大加剧喉的负担，喉容易发干、疼痛。用声偏高，会造成声带长时间紧张；用声偏低，会使声音带有喉音色彩，容易造成压喉，像有些男生追求浑厚的声音，压着喉头发声就是典型的表现，这样会使喉部长时间工作在极限状态。防止用声偏高或偏低，以及不适当地加大音量或者是过长时间地用声，特别是无变化地用声，要学会科学用声，注意循序渐进。

2. 注意嗓音的保健

（1）注重身体健康

喉部作为重要的发声器官，空中乘务人员应科学使用，喉的健康依赖于整体健康，尤其注意不要感冒，感冒容易引起呼吸道疾病，如果还要坚持用声，时间长了，容易导致声带小结等病变。凡是和喉、声带有关的疾病，都要及时治疗，需要尽早去医院找有经验的医师进行诊治，不要乱吃药，因为许多药物也会产生副作用，导致嗓音嘶哑。

（2）注意保障睡眠

喉部的保健与饮食、睡眠和情绪都有关系。睡眠对嗓音的影响很大，睡眠充足嗓子就舒服，睡眠不足嗓子就发紧。平时要注重身体锻炼，保持心情舒畅，保证充足睡眠，不熬夜。

（3）喝水要适时

许多空中乘务人员习惯边说话边喝水，这种习惯是不好的。首先在发声中喝水，会导致声音发生变化，音色接不上。另外，太冷或太热的水都会使发声器官的肌肉受到强烈的刺激，不能自如地运动，严重的可能会造成短暂的失声。最好在工作中不喝水，喝水要在工作前15分钟和工作后15分钟，目的是让发声器官得到充分的休息。

（4）忌辛辣和烟酒

不要过量抽烟、喝酒，也不要过度食用辛辣刺激的食物。酒对喉会产生直接刺激，吸烟会使声带黏膜增厚，声音变得暗而低。炒货，如炒瓜子或炒花生等，容易使嗓子发干、上火。像葱、蒜或辣椒等，可以根据每个人的生活习惯而定，尽量少吃一些。有一些食物对于嗓音保护有利，如金橘、萝卜、丝瓜、芹菜和柿子等。

（5）忌生理期过度用声

女性在经期前及经期，由于受性激素的影响，嗓音大多会有不同程度的变化，表现为声带充血、水肿，闭合不良，张力不好，声带分泌物增多等。在此期间，要注意减少用声，同时不要用声时间过长，强度也不宜过大。

第三节
共鸣控制训练

共鸣控制训练是发声训练中的重要部分，是独特的语言艺术发声方式。共鸣在发声过程中可以扩大和美化声音，改善声音质量，提高声音色彩的表现力。

一、共鸣器官

人类发声的共鸣器官，在喉以上有喉腔、咽腔、口腔和鼻腔（包括鼻窦、蝶窦、额窦）；在喉以下有气管、胸腔。人的共鸣器官有些是可调节的，如喉腔、咽腔、口腔；有些是不可调节的，如鼻腔。口腔的变化最灵活。从改变共鸣腔的形状和容积大小的角度来说，鼻腔是不可调节的共鸣腔，但鼻腔共鸣可通过软腭的上下运动及声束冲击硬腭的不同位置来调节。胸腔也可以被看作是不可调节的共鸣腔。

二、具体介绍

简单一点，胸腔可以看作是由肋骨支撑的胸廓。胸腔容积大，对低频声波共鸣作用明显。胸腔共鸣不参与语音的制作，但可以扩大音量，增加低泛音，使声音听起来洪亮、浑厚、结实。

播音发声时应注意两肋打开、撑住，以保持胸廓的积极状态，产生较好的胸腔共鸣。

喉腔指是由喉壁围成的管腔。其容积虽小，但喉腔是喉原音发出后经过的第一个共鸣腔，它的状况会直接影响声音的质量。喉头可在一定幅度内上下运动。升高时，声道缩短，有利于高频泛音共鸣；下降时，声道拉长，有利于低频泛音共鸣。喉头的运动易形成喉部肌肉的紧张，使音变紧、变僵。播音发声中强调喉头的放松及位置相对稳定。

咽腔也叫咽管，是前后稍扁的漏斗状肌管。咽腔容积较大，管子较长，后咽壁附于脊椎，上起颅底，下连食道；咽前壁分别与鼻腔、口腔和喉腔相通。由此一般将咽腔分为三部分：软腭以上，前通鼻腔，称鼻咽部；中段前通口腔，称为口咽部；下段连接喉腔，称为喉咽部。其中软腭的升降可以关闭或打开鼻腔通路。咽腔处于声道由垂直向水平方向转变的弯道部位，形状可以改变的幅度比较大，是重要的共鸣腔。播音发声中强调后咽壁在发声过程中保持一定坚韧度，同时强调软腭抬起的积极状态。

口腔是发声过程中运动最灵活、复杂的腔体，口腔的形状对共鸣有重要影响，是非常重要的共鸣腔。口腔由于上下的运动可以开合，又因舌的形状的变化会改变容积，并可被划分为若干小的腔体。

口腔共鸣对于言语发声至关重要。口腔共鸣又称为中音共鸣、中部共鸣。没有口腔的活动就不可能产生言语声；不适当发挥口腔共鸣的作用，就不可能使字音圆润动听；没有口腔共鸣，喉腔、咽腔共鸣以至于鼻腔、胸腔共鸣，就无从发挥其效用。播音发声以口腔共鸣为主，其他腔体共鸣必须在口腔取得良好共鸣的基础上实现。

三、共鸣训练

1. 单元音训练

将六个单元音（a、o、e、i、u、ü）用声乐延长音方式发音，体会不同的元音发声时共鸣的变化。

2. 鼻腔、口腔、胸腔共鸣训练

鼻腔共鸣训练：用最低的声音发"eng"的声音，这时声音要雄厚，感受发声时鼻腔的震动，如果没有明显地感受到震动，可以刻意提高音量，用手感受鼻腔的震动。

口腔共鸣训练：练习口部操，结合口的开合运动，发"o"的音，通过口腔的变化调整发声时音色的变化。在发声时由于每个人的口腔打开力度的差异，发音不饱满，所以才会造成吐字归音的偏差。可以通过口腔的训练找到共鸣的位置及方法，改善自己的发音习惯，美化音色。

胸腔共鸣训练：闭上嘴巴，用力咳嗽，感受咳嗽时胸腔的震动，在发音的时候用同样的方法感受胸腔共鸣的方式。

3. 古诗词共鸣训练

赠汪伦

李白

李白乘舟将欲行，忽闻岸上踏歌声。
桃花潭水深千尺，不及汪伦送我情。

黄鹤楼送孟浩然之广陵

李白

故人西辞黄鹤楼，烟花三月下扬州。
孤帆远影碧空尽，唯见长江天际流。

清明

杜牧

清明时节雨纷纷，路上行人欲断魂。
借问酒家何处有，牧童遥指杏花村。

蜀相

杜甫

丞相祠堂何处寻？锦官城外柏森森。
映阶碧草自春色，隔叶黄鹂空好音。
三顾频烦天下计，两朝开济老臣心。
出师未捷身先死，长使英雄泪满襟。

绝句
杜甫
两个黄鹂鸣翠柳，一行白鹭上青天。
窗含西岭千秋雪，门泊东吴万里船。

游山西村
陆游
莫笑农家腊酒浑，丰年留客足鸡豚。
山重水复疑无路，柳暗花明又一村。
箫鼓追随春社近，衣冠简朴古风存。
从今若许闲乘月，拄杖无时夜叩门。

蜂
罗隐
不论平地与山尖，无限风光尽被占。
采得百花成蜜后，为谁辛苦为谁甜？

客至
杜甫
舍南舍北皆春水，但见群鸥日日来。
花径不曾缘客扫，蓬门今始为君开。
盘飧市远无兼味，樽酒家贫只旧醅。
肯与邻翁相对饮，隔篱呼取尽余杯！

黄鹤楼
崔颢
昔人已乘黄鹤去，此地空余黄鹤楼。
黄鹤一去不复返，白云千载空悠悠。
晴川历历汉阳树，芳草萋萋鹦鹉洲。
日暮乡关何处是，烟波江上使人愁。

小池
杨万里
泉眼无声惜细流，树阴照水爱晴柔。
小荷才露尖尖角，早有蜻蜓立上头。

晓出净慈寺送林子方
杨万里
毕竟西湖六月中，风光不与四时同。
接天莲叶无穷碧，映日荷花别样红。

浪淘沙
刘禹锡
九曲黄河万里沙，浪淘风簸自天涯。
如今直上银河去，同到牵牛织女家。

七律·长征
毛泽东
红军不怕远征难，万水千山只等闲。
五岭逶迤腾细浪，乌蒙磅礴走泥丸。
金沙水拍云崖暖，大渡桥横铁索寒。
更喜岷山千里雪，三军过后尽开颜。

答丁元珍
欧阳修
春风疑不到天涯，二月山城未见花。
残雪压枝犹有橘，冻雷惊笋欲抽芽。
夜闻归雁生乡思，病入新年感物华。
曾是洛阳花下客，野芳虽晚不须嗟。

渝州寄放王道矩
苏轼
曾闻五月到渝州，水拍长亭砌下流。
惟有梦魂长缭绕，共论唐史更绸缪。
舟经故国岁时改，霜落寒江波浪收。
归梦不成冬夜永，厌闻船上报更筹。

初加朝散大夫又转上柱国
白居易
紫微今日烟霄地，赤岭前年泥土身。
得水鱼还动鳞鬣，乘轩鹤亦长精神。
且惭身忝官阶贵，未敢家嫌活计贫。
柱国勋成私自问，有何功德及生人。

宫词
薛逢
十二楼中尽晓妆,望仙楼上望君王。
锁衔金兽连环冷,水滴铜龙昼漏长。
云髻罢梳还对镜,罗衣欲换更添香。
遥窥正殿帘开处,袍袴宫人扫御床。

锦瑟
李商隐
锦瑟无端五十弦,一弦一柱思华年。
庄生晓梦迷蝴蝶,望帝春心托杜鹃。
沧海月明珠有泪,蓝田日暖玉生烟。
此情可待成追忆?只是当时已惘然。

咏史
白居易
秦磨利刀斩李斯,齐烧沸鼎烹郦其。
可怜黄绮入商洛,闲卧白云歌紫芝。
彼为菹醢机上尽,此为鸾皇天外飞。
去者逍遥来者死,乃知祸福非天为。

自咏
韩愈
一封朝奏九重天,夕贬潮阳路八千。
本为圣朝除弊政,敢将衰朽惜残年。
云横秦岭家何在?雪拥蓝关马不前。
知汝远来应有意,好收吾骨瘴江边。

见于给事暇日上直寄南省诸郎官诗,因以戏赠
白居易
倚作天仙弄地仙,夸张一日抵千年。
黄麻敕胜长生箓,白纻词嫌内景篇。
云彩误居青琐地,风流合在紫微天。
东曹渐去西垣近,鹤驾无妨更著鞭。

登柳州城楼寄漳汀封连四州
柳宗元
城上高楼接大荒,海天愁思正茫茫。

惊风乱飐芙蓉水,密雨斜侵薜荔墙。
岭树重遮千里目,江流曲似九回肠。
共来百越文身地,犹自音书滞一乡。

昨以拙诗十首寄西川杜相公,相公亦以新作……用伸答谢
白居易
诗家律手在成都,权与寻常将相殊。
剪截五言兼用钺,陶钧六义别开炉。
惊人卷轴须知有,随事文章不道无。
篇数虽同光价异,十鱼目换十骊珠。

西塞山怀古
刘禹锡
王濬楼船下益州,金陵王气黯然收。
千寻铁锁沉江底,一片降幡出石头。
人世几回伤往事,山形依旧枕寒流。
今逢四海为家日,故垒萧萧芦荻秋。

遣悲怀(其一)
元稹
谢公最小偏怜女,自嫁黔娄百事乖。
顾我无衣搜荩箧,泥他沽酒拔金钗。
野蔬充膳甘长藿,落叶添薪仰古槐。
今日俸钱过十万,与君营奠复营斋。

利州南渡
温庭筠
澹然空水对斜晖,曲岛苍茫接翠微。
波上马嘶看棹去,柳边人歇待船归。
数丛沙草群鸥散,万顷江田一鹭飞。
谁解乘舟寻范蠡,五湖烟水独忘机。

苏武庙
温庭筠
苏武魂销汉使前,古祠高树两茫然。
云边雁断胡天月,陇上羊归塞草烟。
回日楼台非甲帐,去时冠剑是丁年。
茂陵不见封侯印,空向秋波哭逝川。

贫女

秦韬玉

蓬门未识绮罗香,拟托良媒益自伤。
谁爱风流高格调,共怜时世俭梳妆。
敢将十指夸针巧,不把双眉斗画长。
苦恨年年压金线,为他人作嫁衣裳。

第三章

航空应用表达训练

第一节
空乘语言沟通训练

一、空乘职业特点

民航客舱服务领域对于空乘人员的要求越来越高。提高空乘人员的职业素质，侧重职业素质和能力的培养，以及对服务心理分析技巧的掌握。培养高素质复合型的空乘服务人才，其重要性显而易见。空乘服务质量很大程度上决定了一个航空公司能否争取到更多的客源，进而在激烈的竞争中站稳脚跟。

空乘人员要有较强的服务理念和服务意识。在激烈的市场竞争中，服务质量的高低决定了企业是否能够生存，市场竞争的核心实际上是服务的竞争。民航企业最关心的是旅客和货主，要想在市场竞争中赢得旅客的信任，就必须提高服务意识和服务理念。服务意识是经过训练逐渐形成的，意识是一种思想，是一种自觉的行动，是不能用规则来保持的，它必须融入每个空乘人员的人生观里，成为一种自觉的思想。

空乘人员要有吃苦耐劳的精神。空乘职业在人们的眼中是在空中飞来飞去的令人羡慕的职业，但在实际工作中空乘人员却承担了人们想不到的辛苦，如飞远程航线要调整时差，飞国内航线要面对形形色色的旅客，工作中困难和特殊情况随时都会发生，没有吃苦耐劳的精神，就承受不了工作的压力，做不好服务工作。

热情开朗的性格是空乘人员必不可少的。空乘工作是一项直接与人打交道的工作，空乘人员每天在飞机上要接触上千名旅客，随时需要与旅客进行沟通，没有开朗的性格就无法胜任此项工作。刻苦学习业务知识是不断进步的基础，作为一名空乘人员，在飞机上不仅仅是端茶倒水，而是需要掌握许多知识。比如：航班今天是飞往美国，那么空乘首先要掌握美国的国家概况，航线都飞越了哪些国家、城市、河流、山脉以及名胜古迹等。还要掌握飞机的设备、紧急情况的处置、飞行中的服务工作程序以及服务技巧和服务理念。空乘人员不但要有漂亮的外在美，更要具备丰富的内在美。

空乘人员更要学会说话。语言本身代表了一个人的属性，一个人的成长环境会影响其说话习惯，作为一名乘务员要学会说话的艺术。不同的服务语言往往会得出不同的服务结果，一名空乘人员要掌握不同的说话技巧。例如：对老年旅客的说话技巧，对儿童旅客的说话技巧，对特殊旅客的说话技巧，对外国旅客的说话技巧，对发脾气旅客的说话技巧，对重要旅客的说话技巧，对第一次乘飞机的旅客的说话技巧，航班不正常时提供服务的说话技巧。在服务中，往往由于一句话，会给服务工作带来不同的结果。一句动听的话语会给航空公司带来很多回头客，一句难听的话，旅客可能会永远不再乘坐这家航空公司的飞机，他可能还会将他的遭遇告诉其他旅客，所以得罪了一名旅客可能相当于得罪数十名或上百名旅客。但不同的一句话，可能会带来不同的结果，这就是说话的艺术。作为一名合格的空乘人员，学会对不同乘客的正确的说话方式是重中之重。

二、客舱内沟通训练

1. 特殊旅客服务

（1）婴儿服务

航空法规定，14天至2岁以内的小旅客，乘坐飞机必须有大人陪伴。空乘人员应主动向婴儿的父母介绍机内紧急设备和服务设备（如呼唤铃、通风器等）的使用方法，卫生间内婴儿换尿布设备的使用方法等；不要将其安排在紧急出口旁的座位上；迎接登机时，如果乘客未提出要求，不要伸手抱孩子，为婴儿父母提行李即可（见图3-1）。

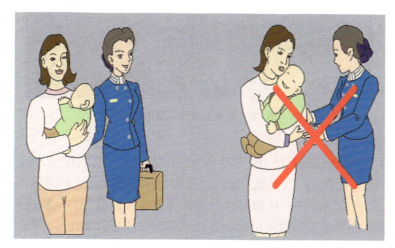

图3-1 为携带婴儿的旅客提供服务的注意事项

乘务员应将婴儿父母安排在前排或能放摇篮的地方，为其妥善安排好随身携带的物品，帮助其系好安全带，提醒婴儿父母在起飞、下降和颠簸时保护好婴儿。飞行期间要由专人负责，给予必要的照顾。乘务人员调整好通风器，不要让通风口直接对着婴儿及父母身上吹风。平飞后，挂好摇篮，垫上毛毯，放好小枕头，让婴儿完全躺在摇篮里，并系好安全带。介绍使用摇篮的规定，向婴儿父母征询婴儿喂食、喝水的时间和用量，有无特殊要求等。将奶瓶、奶嘴洗净消毒。

（2）无成人陪伴儿童旅客的服务

航班当日儿童家长应提前2小时30分钟携带机票到值班柜台。带好"无成人陪伴儿童文件袋"，航空公司人员将代孩子办理乘机手续，并引导孩子登机，将其交给机组人员。到达目的地后，地面服务人员根据预先得到的通知与乘务员交接，替儿童办好必要的手续并负责把孩子安全地交给家长。无成人陪伴儿童标志牌将自始至终佩戴在无成人陪伴儿童身上，以备不时之需。"无成人陪伴儿童文件袋"将由地面服务人员转交给乘务员，最后和儿童一起交到指定接机人手里。

飞行过程中无人陪伴儿童须有专人负责，提供饮品时以冷饮为主，添加饮料时不要过满、过烫。由于孩子大都好奇、活泼、淘气，沟通时不要训斥，应语气平和（见图3-2）。

飞机起飞、下降前，帮小旅客在腹部垫放一条毛毯，系好安全带。飞机下降时，叫醒正在睡觉的儿童，并妥为照料，以避免压耳。

到达目的地后,向来接机人员介绍儿童的情况,如无人来接,要把儿童旅客的情况详细告诉地面服务人员,并将其所携带的物品交接清楚。

图3-2　与无人陪伴儿童的沟通

(3)老年人服务

老年旅客由于身体机能退化,思维迟缓,记忆力减退,有时说话不连贯,甚至语无伦次,遇到陌生环境反应缓慢,应变能力较差,乘务员应尊重他们,沟通时需要耐心、热心。

登机时,首先可热情搀扶,帮助提拿行李(尊重老人自尊心,观察是否需要搀扶),帮助寻找座位,并帮助系好安全带(见图3-3)。介绍飞行距离、时间,声音略大些,但是语速要慢,力求清楚。仔细介绍客舱服务设备(呼唤铃、清洁袋、卫生间等),如有使用拐杖的乘客,将拐杖放在旅客座椅下固定或由乘务员保管。

老年人体温较低、耳朵不灵,喜欢热饮、软食,提供饮品及餐食时要注意尊重客人的意愿。

对轮椅客人,飞机落地前乘务员告诉乘务长转告机长通知地面,确认是否有人接,安排轮椅客人最后下机。

图3-3　为老年旅客系安全带

（4）孕妇

这里指经承运人同意运输的、符合运输条件的怀孕旅客：怀孕不足32周的，按一般旅客运输办理，怀孕满32周但不足35周的，应持有在乘机前7天内签发的乘机医疗许可。不予承运的怀孕旅客：怀孕35周（含）以上者；预产期在4周（含）以内者；无法准确确定预产期者；产后不足7天者。

乘务员应主动帮助孕妇提拿行李，上下飞机；不能将其安排在紧急出口处，适当为其调整座椅；主动介绍安全带，帮助其将安全带系在大腿根部；主动介绍服务设备（呼唤铃、清洁袋、卫生间）；如果遇上孕妇要分娩时，应尽快安排隔离，关闭通风器，找医生协助处理（见图3-4）。

在机上应了解其饮食习惯，主动沟通，不断了解其需求，尽量使旅客舒适；应为孕妇多提供几个清洁袋，主动询问孕妇乘机感受，随时给予照顾；帮助旅客整理随身携带物品，穿好衣服。帮助旅客提拿物品，送旅客下机；必要时应将其情况告知地面服务人员。

图3-4 孕妇旅客客舱内生产

2. 万能沟通技巧："请"字用法

在需要麻烦别人的时候，"请"字是必不可少的，如"请原谅""请留步""请用餐""请指教""请稍候""请关照"等，不胜枚举。在敬语中使用频率最高的是"请"字。这些用语中的"请"字并非多余，有了这个"请"字，话语会变得委婉而礼貌。尤其是在命令性的话语中，有了这个"请"字，就表明没有凌驾他人之上的意思，而且还会显得分外有教养，使得对方非常愿意与自己配合。"请问，需要我帮忙吗？"使用"请"字是比较自然地把自己的位置降低，而把对方的位置抬高的最好方法。

3. 礼貌称谓很重要

每个人都希望得到他人的尊重，人们比较看重自己已取得的地位，对有头衔的人称呼头衔，是对对方的尊重。直呼其名仅适用于关系密切的人之间，一般来讲，关系越密切，称呼往往越简单。若与有头衔的人关系非同一般，直呼其名显得更亲切。对于知识界人士，可以直接称呼其职称，或者在职称前冠以姓氏，比如孙教授、王老师等。但是，对于学位，除了博士外，其他学位比如学士、硕士等，就不能作为称谓来用，可以称某人为"孙博士",却不能唤某人为"李硕士"。在西方,一般情况下,对男子不管其婚否都称为"先生（Mr.）";对女子的称呼则显得复杂些,通常称已婚的女子为"夫人（Mrs.）",称未婚的女子为"小姐（Miss.）"。称呼一位婚姻状况不明的女子,用"小姐"比贸然称她"太太"要安全得多。即使对方已婚,她也会非常乐意接受这令人愉快的错称。无论她是16岁还是60岁,宁可让她微笑着纠正她是"太太",也不能让她愤然地纠正你,说她不过是一个"小姐"! 在外交场合中,为了表示对女性的尊重,可以将女性称为"女士（Madam）"。上述称呼,不管是先生还是小姐,都可以连名或职称一起使用,比如"杰克先生（Mr. Jack）""黛西小姐"等。对中国老年乘客称呼"老爷爷""老奶奶",对西方老年乘客则应避免使用"old lady""old gentleman"等称谓。对一个悲伤的人说"你好",对一个外籍乘客说"你吃了吗"等都是不合适的问候。

4. 客舱语言训练

（1）迎客及安排行李

① 普通旅客登机时的乘务员用语

欢迎登机,我来帮您看一下登机牌。（请问您坐在哪里？）

② 为特殊旅客安排行李的乘务员用语

您好！大爷（大妈），我来帮您安放行李吧。

③ 安排旅客行李时的乘务员用语

您的大件行李可以放在头顶上方的行李架上,小件行李、水果和小推车可以放在前排座椅下方。

您好！（　　）先生（女士），这件行李太重/大了，您能和我一起放吗？

④ 旅客找不到座位时的乘务员用语

您的座位是（　　）排（　　）座，请往这边走/请跟我来。

您的座位是（　　）排（　　）座，请往前/后边走。

⑤ 旅客安排行李挡住通道时的乘务员用语

前面的旅客劳驾您请先让后面的旅客过一下，放不下的行李我稍后来给您安排。谢谢！

⑥ 将旅客的行李安放在其他位置时的乘务员用语

很抱歉，您头顶上方的行李架已经满了，我可以把您的行李放在（　　）排的行李架上吗？行李里有贵重物品吗？

我已经把您的行李放好了，在（　　）排，您下飞机时别忘了过去拿您的行李。

（2）紧急出口介绍

紧急出口介绍用语如下。

对不起，先生（女士）打扰一下，您现在所处的是紧急出口的座位，我将为您做简单的介绍：这是紧急出口的操作手柄（向旅客示意），在非紧急情况下，请您不要随意扳动；当发生紧急情况时，请您作为我们的援助者，帮助打开此门，使旅客能够迅速脱离飞机；但在正常情况下，请帮助我们监督不要让任何人打开此口。这是"紧急出口座位旅客须知卡"（取出须知卡，向旅客示意），请您在起飞前务必仔细阅读，如果您认为您不能履行须知卡上所列的职责或不愿意坐这个座位，请马上通知我们，我们将及时为您调换座位。您的座椅靠背是不能调节的，小桌板在座椅扶手里（或前排座椅后面）（示意），当您使用完后，请及时收起，以确保出口通道的通畅，在您的周围请不要堆放行李。请您不要随意调换座位，如果您需要调整座位，请通知乘务员。

先生（女士），我所说的内容，您是否完全理解？（只有得到旅客肯定的答复后，整个介绍过程才完全结束）

第二节 空乘非语言沟通训练

一、微笑训练

微笑的好处没有必要再多讲，关键在于如何学习发自肺腑的笑容。很多人的笑，显得尴尬、搞怪、阴险、扭曲、皮笑肉不笑、僵硬等，真正的笑容，是对称性的，最能够打动别人。

1. 第一阶段——放松肌肉

放松嘴唇周围肌肉是微笑练习的第一阶段，是"哆来咪练习"的嘴唇肌肉放松运动，是从低音"哆"开始，到高音"哆"，大声、清楚地将每个音说三遍。不是连着练，而是一个音一个音地发，为了正确地发音，应注意嘴形。

2. 第二阶段——增强嘴唇肌肉的弹性

形成微笑时最重要的部位是嘴角。锻炼嘴唇周围的肌肉，能使嘴角的移动变得更干练、好看，也可以有效地预防皱纹。

如果嘴唇变得干练、有生机，整体表情就给人有弹性的感觉，所以不知不觉中显得更年轻。伸直背部，坐在镜子前面，反复练习，最大限度地收缩或伸张。

张大嘴——使嘴周围的肌肉最大程度地张，并保持这种状态10秒。

使嘴角紧张——闭上张开的嘴，拉紧两侧的嘴角，使嘴唇在水平方向紧张起来，并保持10秒。

聚拢嘴唇——嘴角处于紧张的状态，慢慢地聚拢嘴唇。圆圆的卷起来的嘴唇聚拢在一起，保持10秒。

保持微笑30秒，反复进行这一动作3次左右。

用门牙轻轻地咬住木筷子中间，把嘴角对准木筷子头，两边都要翘起，并观察连接嘴唇两端的线是否与木筷子在同一水平线上，保持这个状态10秒。在这一状态下，轻轻地拔出木筷子之后，练习维持那个状态。

3. 第三阶段——形成微笑

这是在放松的状态下练习微笑的过程，练习的关键是使嘴角上升的程度一致。如果嘴角歪斜，表情就不会太好看。在练习微笑的过程中，就会发现最适合自己的微笑。

小微笑——把嘴角两端一齐往上提，给上嘴唇拉上去的紧张感。稍微露出2颗门牙，保持10秒之后，恢复原来的状态并放松。

普通微笑——慢慢使肌肉紧张起来，把嘴角两端一齐往上提，使上嘴唇产生拉上去的紧张感。露出上牙6颗左右，眼睛也笑一点。保持10秒后，恢复原来的状态并放松。

大微笑——一边拉紧肌肉,使之强烈地紧张起来,一边把嘴角两端一齐往上提,露出10颗左右的上牙,也稍微露出下牙。保持10秒后,恢复原来的状态并放松。

4. 第四阶段——保持微笑

一旦寻找到满意的微笑,就要进行维持表情至少30秒钟的训练。尤其是照相时不能自然微笑的人,如果重点进行这一阶段的练习,就可以获得很好的效果。

5. 第五阶段——修正微笑

如果认真地进行了训练,但微笑还是不那么完美,就要分析其他方面是否有问题。如果能自信地敞开笑,就可以把缺点转化为优点,不会成为大问题。

二、态势语训练

一个人的仪态包括他所有的行为举止:一颦一笑、一举一动、站立的姿势、走路的步态、说话的声调、面部的表情,是人们在外观上可以明显地察觉到的活动动作,以及在动作、活动之中身体各部位呈现出的姿态,因此,人们习惯上将仪态称为体态语言或态势语言。

1. 站姿

站立是人最基本的行为姿势,站姿即站立的姿势,是指人在停止体态活动后的一种静态美。乘务员优雅的站姿不但是自我尊重和尊重他人的表现,更能反映出航空服务人员的工作态度和良好的职业形象及仪态美。

(1)站姿的基本要求

站立时,头部要端正,两眼平视正前方,嘴唇微闭,下颌微收,面带微笑,颈部挺直,收腹挺胸,提臀立腰,身体应与地面垂直,双肩放松,两腿立直,脚跟靠拢,两脚夹角女士为30度,男士为45度,脚尖分开,重心放在两个前脚掌上。双臂自然下垂,贴于身体两侧或在体前交叉,虎口向前。正确站姿见图3-5所示。

(2)女乘务员标准站姿

女乘务员站姿要柔美,亭亭玉立。双目平视,嘴角微闭,下颌微收,面带微笑,头顶上悬,抬头挺胸。头部、躯干和双腿与地面垂直,脊柱、后背挺直,胸略向前上方提起,两肩放松下沉,气沉于胸腹之间,自然呼吸,腹肌、臀大肌微收缩并上提,双膝并拢,两腿绷直,脚跟靠紧,脚尖分开呈"V"字或小"丁"字形,身体重心落在前脚掌及脚弓上。两脚尖呈"丁"字形时,双手自然并拢,右手搭握于左手之上且虎口交叉轻贴于腹前,身体重心可放在两脚上,也可放在一脚上,并通过重心的移动减轻疲劳,见图3-6。

(3)男乘务员标准站姿

在采取标准站姿时,男乘务员要站得稳健。头部、躯干与双腿应在一条线上。身体中正,脖颈挺直,头顶上悬,下颌微收,双目平视前方,面带微笑,抬头挺胸。双手可取下面任意一种姿势。

① 立正式:双手置于身体两侧,见图3-7。

② 前腹式:右手搭在左手上,叠放于体前,见图3-8。

③ 跨立式:双脚平行分开,两脚间距离与肩同宽,两手在背后轻握放在后腰处,见图3-9。

图3-5　空乘人员站姿

图3-6　女乘务员标准站姿

图3-7　男乘务员立正式站姿

图3-8　男乘务员前腹式站姿

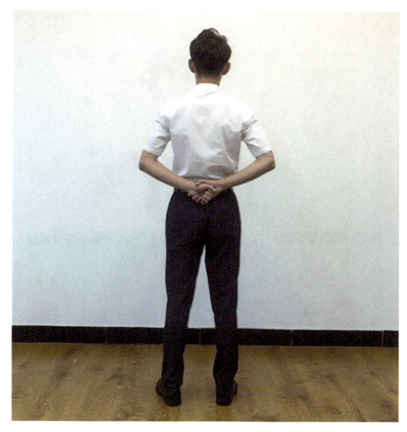

图3-9 男乘务员跨立式站姿

2. 坐姿

坐姿是一种静态放松的姿势,坐姿的关键在于就座者的躯干和下肢的协调配合,尤其要注意双腿与双脚的摆放。根据场合的不同及乘务员性别不同分为不同坐姿。

（1）乘务员垂直式坐姿

飞机起飞和下降时,乘务员面对旅客坐在乘务员座席上,头部端正、双目平视,面部自然,下颌微收。上身紧靠椅背,颈部要直、腰背挺直,不要塌腰或拱腰,脊椎骨和臀部成一条直线。两腿并拢,系好安全带（腰带、肩带）。女乘务员就座时,一只手压下座椅板,另一只手轻拢后裙摆入座,并坐好,见图3-10。

（2）女乘务员坐姿

① 侧点式坐姿。这是适用于女乘务员的一般坐姿,要领是大腿并紧后,向一侧伸出一条腿,并将另一条腿并拢,两脚前侧着地,双脚要保持在一条直线上。这种姿势就是要求双腿双脚并在一起,向前按照伸脚的方向不同,可以分成左前伸和右前伸。此种坐法适合在空中乘务员休息时,见图3-11。

② 交叠式坐姿。女乘务员双腿交叠式坐姿的要求是将双腿一上一下交叠在一起,交叠后的两腿间没有缝隙,叠放在上的脚的脚尖垂向地面。此坐姿为乘务员休息时所采取的坐姿,左右方向都可以,见图3-12。

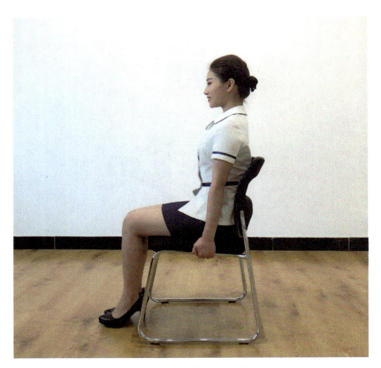

图3-10　女乘务员坐姿

图3-11　女乘务员侧点式坐姿

图3-12 女乘务员交叠式坐姿

③ 前伸式坐姿。在垂直式坐姿的基础上,左小腿前伸,这种坐姿适用于日常及正式活动中,见图3-13。

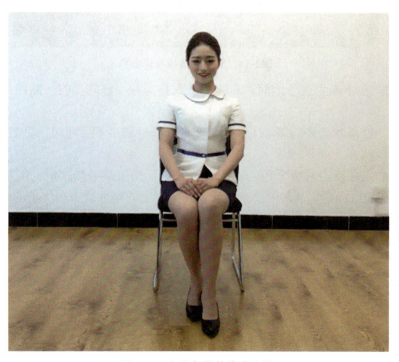

图3-13 女乘务员前伸式坐姿

（3）男乘务员坐姿

头部端正、双目平视，面带微笑，下颌微收，不要出现仰头、扭头、歪头、低头等情况。上身挺拔直立，脊椎骨和臀部成一直线，不要塌腰或拱腰。

① 标准式。上身挺直，双肩正平，双腿分开与肩同宽，小腿垂直落于地面，两脚自然分开成45度，双手掌心自然向下放在膝盖上，见图3-14。

图3-14　男乘务员标准式坐姿

② 重叠式。左小腿垂直于地面，右腿在上重叠，右小腿向里收，贴住左腿，双手放在腿上，见图3-15。

③ 前伸式。在基本坐姿的基础上，左脚向前半脚，脚尖不要翘起，见图3-16。

3. 行姿

行姿指一个人在行走时所采用的动态姿势。对于民航乘务员来说，优雅稳重、节奏明快的行姿可以展现自己朝气蓬勃的个人气质、积极向上的精神状态和优美的动态之美。

行姿规范：从容平稳，昂首挺胸，目光平视，上身稍向前倾，收腹立腰，双臂在身体两侧自然摆动，步态稳健、动作协调，走成直线，重心在大脚趾和二脚趾上。

（1）女乘务员行姿的具体要求

上身自然挺拔，头正、挺胸、收腹、立腰，重心稍向前倾。女乘务员步伐轻盈，具有温柔、秀雅之美，步伐频率约每分钟90步。跨出的步子应是脚掌全部着地，膝和脚腕不可过于僵直，应该富有弹性，膝盖要尽量绷直，双臂应自然轻松摆动，使步伐因具有韵律节奏感而显得优美、柔和，见图3-17。

第三章　航空应用表达训练

图3-15　男乘务员重叠式坐姿

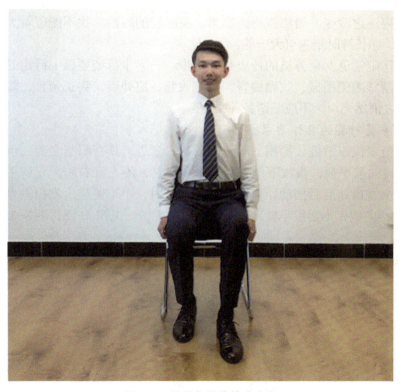

图3-16　男乘务员前伸式坐姿

图3-17 女乘务员行姿侧面图

一般情况下,女乘务员步幅为20厘米(前脚脚跟与后脚尖相距约为一脚长),但穿不同服装,步态也要随之改变。当穿旗袍或窄裙、高跟鞋的时候,就不能迈着大步行走了,要以小步幅为宜,穿长裤时步幅可大一些。

在服务工作中常见女乘务员的行姿是一字步。一字步行姿要领:行走时,两脚内侧在一条直线上,两膝内侧相碰,收腰提臀,挺胸收腹,肩外展,头正颈直,微收下颌;行进中应有意识使之悄然无声,不应制造各种噪声。

(2)男乘务员行姿的具体要求

男性乘务员步伐应矫健、稳重、刚毅、洒脱、豪迈,具有阳刚之美,步伐频率每分钟约100步;双目向前平视,微收下颌,面容平和自然,不左顾右盼。双肩平稳、肩峰稍后张,大臂带动小臂自然前后摆动,肩勿摇晃;前摆时,手不要超出衣扣垂直线,肘关节微屈约30度,掌心向内,不要甩小臂,也不能随意甩手腕。见图3-18、图3-19。

4. 蹲姿

蹲姿类似于坐姿,但它并不是臀部接触地面及座椅,也不同于跪姿,不是双膝着地。蹲姿是乘务人员经常运用的一种形体语言,例如帮客人摆放包裹及行李,拾起客人掉在地上的物品,收取车内的餐食与饮料,有时乘务人员会以这种姿态与乘客交谈,以展示对于乘客的尊重。

(1)男乘务员蹲姿要领

下蹲时右脚向后撤一步,左脚掌全落地,膝盖正对前方向下蹲,右脚跷起,右膝低于左膝,双手自然放在膝盖上,腰背挺直,眼睛目视前方,见图3-20。

图3-18　男乘务员行姿正面

图3-19　男乘务员行姿侧面

图3-20 男乘务员蹲姿

（2）女乘务员蹲姿要领

左脚向前一步，右手回身抚裙下蹲，将腿靠紧，臀部向下，双手压在裙边防止走光，脊背保持挺直，臀部一定要蹲下来，保持头部端正，收下颌，保持微笑，跟人沟通时，双腿保持夹紧状态，见图3-21。

乘务员下蹲拾物时，应自然、得体、大方，不遮遮掩掩。要站在所取物品的旁边，蹲下屈膝去拿，不要低头、弓背，要慢慢地把腰部低下；两腿合力支撑身体并掌握好身体的重心，避免滑倒，使头、胸、膝关节在一个角度上，右手捡拾物品、起立，蹲姿要美观、大方。

5. 引导手势

手势即手臂的姿态，引导手势是乘务员常用的迎客及指引手势。

（1）上手位

当旅客登机寻找座位或在行李架上安放行李时，乘务员可用上手位手势为客人指示相应的位置。为旅客指示方向时，五指伸直并拢、曲肘由腹前抬起，掌心向上，再向要行进的方向伸出前臂，或手掌微向内倾与地面呈45度，以胳膊的屈伸度表达指示距离的远近，眼睛看指示的方向或物品，见图3-22。

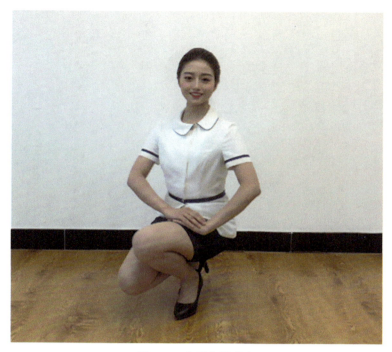

图3-21　女乘务员蹲姿

图3-22　上手位

（2）中手位

中手位手势常用于"请往前走"的手势。在为旅客指引方向时，身体要侧向来宾，眼睛要兼顾所指方向和来宾，直到来宾表示已清楚了方向，再把手臂放下，向后退一步，施礼并说"请您走好"等，见图3-23。

图3-23　中手位

（3）下手位

下手位常用于乘务员引导客人入座，引导到固定位置，单手引导明确后，手臂放于体侧，见图3-24。

图3-24　下手位

整体的礼仪优雅呈现出服务的良好状态，每一位乘务员都要时刻要求自己保持良好的姿态。

第三章 航空应用表达训练

中国国际航空股份有限公司对乘务员礼仪的要求

（节选）

第4条 礼貌礼仪

乘务员在工作、生活、驻外期间应具有良好的个人修养和礼貌礼仪。

1. 乘务员在工作区域应着装大方，不着奇装异服，工作装与便装不混穿。与旅客、领导、同事相遇，应微笑示意、驻足让道、主动问好。
2. 乘务员在任何时候均应以礼貌平和的方式讲话。
3. 接听电话时应使用文明用语。
4. 维护公共场所秩序，不大声喧哗、嬉笑、打闹。
5. 保守国家机密，尊重驻地国民俗、文化。不以公司立场对外发言。
6. 有关文明礼仪的规定见《客舱服务部文明言行规范》。
7. 有关驻外期间的规定见《客舱服务部驻外管理办法》。

第5条 举止

乘务员在工作期间应保持良好的体态，合理使用形体语言。

1. 站、坐、行走、蹲姿应大方、得体、规范。
2. 指示方位时五指并拢，自然明确。
3. 工作交谈应耐心轻声，避免旅客听到、误解。

（资料来源：《国航客舱服务部乘务员、安全员管理手册》）

第三节 客舱安全与急救常识播音训练

一、客舱安全播音训练

飞行过程中，客舱的安全注意必不可少，常见的安全广播也需要训练。除了客舱例行广播以外，还有出现临时情况时进行的临时广播，需要乘务员随机应变、灵活掌握。紧急情况一般由乘务长亲自播音。

1. 禁止使用电子设备广播

这种播音的目的是提醒乘客注意安全，说明要具体清晰，语言要庄重、规范、流畅。

女士们、先生们：

你们好！

为了保证飞行安全，请您在飞机上不要使用移动电话、计算机、遥控玩具、电子游戏机、激光唱片、调频收音机等。

谢谢您的合作！

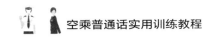

Ladies and Gentlemen:

In order to guarantee safety first, please do not use the following items on board: Cellular Portable Telephone, Personal Computer, Remote Controlled Toy, Electronic Game, laser disc and Frequency Modulation Radio.

Thank you for your cooperation!

2. 客舱安全检查广播

这种广播的目的是告知乘客安全检查事项,重点是说明操作内容、要求。要求应准确、熟练、严肃、认真。

女士们、先生们:

现在乘务员进行客舱安全检查,请您协助我们收起您的小桌板、调直座椅靠背、打开遮光板、系好安全带。

本次航班为禁烟航班。在客舱和盥洗室中禁止吸烟。严禁损坏盥洗室中的烟雾探测器。

谢谢!

Ladies and Gentlemen:

Now the Cabin attendants are going to have a security check. Please fasten your seat belt and make sure your seat back is straight up, your tray table is closed, and the window shade is open.

This is a non-smoking flight. Smoking is not permitted in the cabin or lavatories. Tampering with or destroying the lavatory smoke detector is prohibited.

Thank you!

二、急救常识播音训练

飞机上可能会遇到各种各样的突发状况,涉及危险情况时空乘人员要及时寻求专业人士帮助自己解决突发状况。以下广播的目的是寻求医生帮助,需要说明病人情况、请求事项。重点是说明情况,要求表达准确、清楚。

1. 寻求医生广播

女士们、先生们:

现在机上有一位病人,你们当中有哪一位是医生或护士,请马上与乘务员联系。

谢谢合作!

Ladies and Gentlemen:

There is a sick passenger on board. If there is a doctor or a nurse on this flight, would you please contact us by pressing the call button immediately?

Thank you for your cooperation!

2. 有病人备降广播

这种广播的目的是告知乘客有病人备降的情况,重点是说明情况、请求,并表达歉意,要求准确、熟练、诚恳。

女士们、先生们：

我们很遗憾地通知您，现在飞机上有一位生病的旅客。机长决定备降××机场，我们将在××小时××分钟到达，请协助。给您造成的不便，我们全体机组人员深表歉意并希望能得到您的谅解和支持。

谢谢！

Ladies and Gentlemen：

May I have your attention，please. There is a sick passenger on board，and the captain has decided to make an emergency landing at ×× airport. We expect to arrive there in ×× hour（s）and ×× minute（s）. We apologize for any inconvenience. We thank you for your kind support and understanding.

Thank you！

第四节 客舱播音要求与技巧

知识拓展

客舱播音要求

客舱广播是为旅客服务的，按照性质包括服务和安全两部分。服务方面：通过广播让旅客了解此次航班的航程、时间、途经的省市和山脉、河流，还有一些服务项目等。安全方面：首先是正常的安全检查，在起飞和落地前都会通过广播提醒旅客，其次是有特殊情况和突发事件，都会通过广播让旅客了解。

播音要求：整个客舱广播应构成一个有机整体，广播员根据服务类和安全类广播内容，把握不同的广播要求，营造客舱的广播氛围。服务类广播：温缓灵悦，亲切自然。安全类广播：专业、标准。广播声音大小应适中，让全部旅客能够听清楚，但避免声音过大或广播突兀。

客舱经理（乘务长）广播与广播员的广播风格应保持一致，并掌控整个航班的广播风格及基调。

一、客舱播音类型

客舱沟通包含两个意思，一是指信息的传递，二是指感情的沟通。感情的沟通远比信息的传递更普遍，两者是相辅相成的。同时，从管理的效果这个角度来讲，沟通是对信息的理解和执行的过程，沟通不仅强调信息的传递和理解，更重要的是执行的结果。再好的沟通如果没有体现在结果上，也就成了无效的沟通。

客舱中的沟通包括语言沟通和非语言沟通两方面。

1. 语言沟通

语言沟通指运用语言、文字来传达信息的活动，它包括书面沟通和口语沟通。客舱中主要体现为口语沟通。

2. 非语言沟通

非语言沟通指借用非语言媒体实现的沟通，如利用人的姿态、声调、语调或者面部表情、肢体动作来传达某种信息等的沟通。除了身体语言外，其他环境因素，如沟通情境内的物理环境、家具摆设、当事人对时间的感知以及文化背景等，也可用来沟通。

二、登机广播训练

1. 引导入座广播

女士们、先生们：

欢迎您搭乘海南航空的班机，请您根据座位号码对号入座，手提物品可以放在行李架内或前排座椅下方，紧急出口处及应急设备行李架不能放置任何行李。安放行李时，请您侧身以确保过道通畅。

谢谢！

Ladies and Gentlemen：

Welcome aboard Hainan Airlines. Please take your seat according to your seat number on your boarding pass. Stow your hand luggage in the overhead compartment or under the seat in front of you; do not put any luggage near the emergency exits; and kindly keep the aisle clear for others to go through.

Thank you！

2. 起飞前广播

女士们、先生们：

现在客舱乘务员将进行飞行前安全检查，请您系好安全带，打开遮阳板，并确认所有电子设备已关闭。

谢谢！

Ladies and Gentlemen：

Now the cabin crew will make pre-flight safety check, please fasten your seat belt, open the window shade, and make sure all electronic devices have been switched off.

Thank you！

3. 起飞广播

女士们、先生们：

我们的飞机很快就要起飞了，为了您的安全，请您检查手机，确保电源已经关闭，并请系好安全带，收起小桌板，调直座椅靠背，打开遮光板。

谢谢！

Ladies and Gentlemen：
We will take off shortly. Please switch off your mobile phones and fasten your seat belts, ensure that your tables and seat backs are in an upright position and open the window shades.
Thank you！

三、客舱交流训练

1. 安全示范广播

女士们、先生们：

现在由客舱乘务员向您介绍救生衣、氧气罩、安全带的使用方法及应急出口位置。（配合演示或录像）

救生衣在您座椅下面的口袋里。使用时取出，经头部穿好，将带子扣好系紧。然后打开充气阀门，但在客舱内不要充气。充气不足时，请将救生衣上部的两个充气管拉出，用嘴向里充气。

氧气面罩储藏在您的座椅上方，发生紧急情况时，面罩会自动脱落。氧气面罩脱落后，用力向下拉面罩，请您将面罩罩在口鼻处，把带子套在头上进行正常的呼吸。

在您座椅上备有两条可以对扣起来的安全带，当飞机在滑行、起飞、颠簸或着陆时，请您系好安全带。解开时，先将锁口打开，然后拉开连接片。

本架飞机共有4个紧急出口，分别位于前部、后部、中部以及上舱，在客舱通道上以及出口处装有紧急照明指示灯，在紧急脱离时请按指示路线撤离。

在您座椅背后的口袋内备有安全说明书，请您尽早阅读。

2. 安放行李广播

女士们、先生们：

欢迎您搭乘我们的班机，请您对照手中登机牌上的号码对号入座，您的座位号位于行李架边缘或下方，大件行李可以放在行李架上，水果及小件物品建议放在您前排座椅下面。在安放行李的同时，请您侧身以便其他旅客顺利通过。

谢谢！

Ladies and gentlemen：
Welcome aboard. Please take your seat according to your seat number on your boarding pay. Your seat number is on the edge or at the bottom of the rack. Please make sure your hand baggage is stored in the overhead locker. Any small articles can be put under the seat in front of you. Please take your seat as soon as possible to keep the aisle clear for others to go through.
Thank you！

3. 航空管制广播

女士们、先生们：

由于航空交通管制，我们正在等待起飞，请您稍加休息，感谢您的理解。如果您有任何需要，我们很乐意为您提供服务。

谢谢！

Ladies and Gentlemen:

Due to air traffic control, we are now waiting for departure, please remain seated and wait for a moment. If there is anything we can do for you, please let us know.

Thank you!

4. 客舱内温度过高广播

女士们、先生们：

由于本架飞机在地面停留期间空调制冷效果不太理想，造成目前客舱温度较高，对于给您带来的不适，我们深表歉意，这种情况在飞机起飞后会很快缓解。

谢谢！

Ladies and Gentlemen:

We are now waiting for departure, you may feel a little bit hot now because the air conditioning system doesn't work well before takeoff. We regret for this inconvenience at the moment. And you'll feel better after takeoff.

Thank you!

5. 上升安全广播

女士们、先生们：

现在飞机正在上升，客舱中站立的旅客，请立即回到座位上坐好并系好安全带，在安全带信号灯熄灭后，我们将为您提供服务。

Ladies and Gentlemen:

We are climbing now, passengers who are standing, please return to your seat and fasten your seat belt, we will serve you after the fasten seat belt sign being off.

6. 下降广播

女士们、先生们：

我们的飞机正在下降，洗手间停止使用。为了您的安全，请您系好安全带，收起小桌板，调直座椅靠背，打开遮光板。请关闭小型电子用品。

下降期间，客舱压力会发生变化。如果您感觉耳痛，可以通过吞咽动作来缓解。

谢谢！

Ladies and Gentlemen:

We are descending now, the lavatories have been closed. To be safe, please ensure that the window shade is open, your seatbelt fastened, your tray table stowed and your seatback brought to the upright position. Kindly be reminded that all electronic devices must be switched off at this time.

During descent, cabin pressure will change. If you feel earache, you can relieve it by swallowing.

Thank you!

7. 降落时广播

女士们、先生们：

飞机即将着陆，为了您的安全，请再次确认安全带已经扣好，在舱门开启之前，请不要打开手机电源。

谢谢！

Ladies and Gentlemen:

We will be landing shortly. Please make sure that your seat belts are securely fastened and keep your mobile phones switched off.

Thank you!

8. 航班取消广播

女士们、先生们：

非常抱歉地通知您，机长已经决定取消今天的飞行，由于我们现在处于极寒冷地带，请穿戴好保暖衣、围巾、帽子、手套等保暖物品，请将毛毯和枕头带下飞机用作保暖用品。为了避免眼睛受到强烈的反射光刺伤，有墨镜的旅客可以戴好，其他旅客可戴好眼罩并留一些缝隙，做好自我防护，请听从我们的指挥。

谢谢！

Ladies and Gentlemen:

We have been informed that this flight has been cancelled due. Now we are in the polar region. Please wear your overcoat, scarf, hat and gloves. You can take blankets and pillows out of the plane to keep warm. In order to prevent your eyes from hurting by reflected light, please wear your sunglasses if you have. Or you can wear the eye mask to protect yourself when you get off the plane. We would request that you take all your carry-on items with you and disembark. Further information will be provided at any time.

Thank You!

四、航班延误后沟通训练

这种广播的目的是告知乘客飞机延误情况，需要说明原因、时间，要求准确、熟练，表达由衷的歉意。同时播音速度要稍慢，以安抚乘客急躁的情绪。

女士们、先生们：

本架飞机已降落在××机场，地面温度××摄氏度（××华氏度），我们对由于天气（机械故障）带来的飞机延误深表歉意。我代表全体机组人员感谢您乘坐本班机。希望再次为您服务。

谢谢！再见！

Ladies and Gentlemen：

We have just landed at ×× Airport. The outside temperature is ×× degrees on the Centigrade（Fahrenheit）scale. We apologize for the delay of today's flight because of the bad weather（mechanical trouble）. We thank you for flying with us and hope to have the pleasure of being with you again.

Thank you and good-bye.

五、常用客舱广播词训练

1. 提供饮品服务广播

女士们、先生们：

稍后我们将为您提供三明治、咖啡、茶水、矿泉水。

谢谢！

Ladies and Gentlemen：

In a few minutes we will begin our snack service for you. Sandwiches, coffee, tea and mineral water will be available.

Thank you！

2. 颠簸广播

各位旅客：

请注意，我们的飞机现在有些颠簸，请系好安全带，洗手间停止使用。正在使用洗手间的旅客注意抓好扶手。

Dear fellow passengers：

Attention please！

Please fasten your seat belts, we are encountering turbulence, lavatories are not to be used. If you are using the lavatory, please hold the handle tightly.

3. 限制使用电子装置广播

女士们、先生们：

现在舱门已经关闭，为了避免干扰飞机通信导航系统，根据中国民航法规定，请您将手机（包括具有飞行模式的手机及电子用品）全部关闭。同时，请您全程不要使用或开启充电宝等各类锂电池移动电源。请系好安全带，调直椅背。在此提示您本次航班为禁烟航班。

谢谢！

Ladies and Gentlemen：

The cabin door has been closed. To comply with aircraft safety regulations, please switch off your mobile phones and all other electronic devices as it may interfere with your navigation system. Power bank and other portable charging devices can not be used during the whole flight. Please fasten your seat belts, upright your seats. Smoking is not permitted during the whole flight.

Thank you！

知识拓展

节日问候

元旦（1月1日）：今天是元旦，祝愿每一位旅客朋友旅途愉快，新年快乐！
Today is January 1st, we wish you a pleasant journey and happy new year！

春节（大年三十）：今天是除夕，我们全体机组成员真心祝福每一位旅客万事如意。
Today is Spring Festival's Eve, we wish you all the best.

春节（农历正月初一）：今天是大年初一，我们全体机组成员祝各位旅客万事如意！
Today is Spring Festival, we wish you all the best.

端午节（农历五月初五）：今天是端午节，祝大家端午节快乐！
Today is Dragon Boat Festival, we wish you all the best.

中秋节（农历八月十五）：今天是中秋佳节，我们全体机组成员祝愿各位旅客万事如意。
Today is Mid-autumn Festival, we wish you all the best.

国庆节（10月1日）：值此国庆佳节，祝您旅途愉快。
Today is Chinese National Day, and we wish you a pleasant journey.

圣诞节（12月25日）：今天是圣诞节，在这喜庆的节日里，我们全体机组成员祝大家圣诞节快乐！
Today is Christmas Day, we wish you all the best and merry Christmas！

某次的航班，当天12点30分，该航班旅客正在登机，这次航班上共有3个旅行团，在最后一个团的旅客队伍中，乘务长发现有一位老太太鼻子上插着氧气管，手里捧着氧气包，脸色苍白，由老伴搀扶着登上飞机。乘务长急忙将老两口扶到最前排的座位上，关切地询问老人的身体状况。原来老太太和老伴于3天前参加旅游团前往九寨沟，在到达的当天就因为高原反应而病倒了。经过当地医疗机构治疗后，已经脱离了危险，但身体仍旧非常虚弱。目前老太太感觉稍好一点，她打算跟着原来的旅行团返回深圳。乘务组非常理解老人的心情，也希望能迅速将老人送回深圳做进一步治疗，但是考虑到老人高龄加疾病的状况，能否适应高空特殊环境还是一个问题。按照民航相关规定，这种情况的旅客需要有医生的证明才能乘坐飞机。此时飞机马上就要起飞了，让机场医生前来为老太太检查势必延误航班，是等待老太太体检还是拒绝老太太乘机？机长果断地决定先通知医生前来检查，同时让乘务长通过客舱广播将情况告知旅客，征求旅客的意见，希望旅客理解、配合。广播进行了三遍，大家都纷纷表示支持机长的决定，愿意等待。十多分钟后，医生赶到现场，为老太太仔细做了检查，并询问了老太太的病史。经过综合分析，医生认为老太太乘坐飞机不会有太大的风险，并给她开具了可乘机证明。飞机终于能起飞了，老太太在空中得到乘务组细致入微的照顾，虽然耽误了大家一些时间，但所有旅客始终没有怨言。下午3点多钟，飞机顺利抵达深圳机场。走下飞机的时候，老太太气色明显好转，病症也减轻了不少。

（资料来源：《中国民航报》）

第四章

客舱服务沟通综合技能训练

第一节
空乘人员素质训练

一、克服障碍

1. 克服心理障碍

人生的旅途注定坎坎坷坷，不可能一帆风顺，挫折、失败会随时出现在人们最脆弱、最无助、毫无防备的时候，让人措手不及。当然，人生的路途也不会全是不如意的事情，生活会让勇敢的人品尝到成功的喜悦和收获的甘甜。人生的旅途是坎坷还是成功，关键在于以什么样的心态面对挫折、面对成功。如果无法理清思路，或者因为失败而灰心丧气，或者因为成功而自满，那么这种心理品质的表现就不好。心态平和，能胜不骄败不馁，总是以良好的心态面对生活和工作，保持良好的心情。面对失败时，淡定舒适，面对成功时，谦虚努力，不断战胜自我，实现自我价值，提高整体素质。乘务员应保持这种良好的心态，冷静地面对旅客，视旅客为亲朋好友，以积极的心态更好地为他们服务。此外，在当今时代，如果有较强的物质欲望，并渴望物质享受，则很容易陷入思想的泥潭，无法自拔。冷静的人不会被物质享受所诱惑，并能为追求自己的理想而不懈奋斗，即使生活条件不如别人，也不会攀比，反而会更加努力，抵制物质享受的诱惑，最终实现自己的人生价值。所以，民航服务人员在工作中一定要克服自己的不良情绪，积极调整心态。

2. 克服语言障碍

沟通是人与人之间、人与群体之间思想与感情的传递和反馈的过程，以求思想达成一致和感情交流的通畅。它是克服语言障碍的最好方式。沟通是为了一个设定的目标，把信息、思想和情感在个人或群体间传递，并且达成共同协议的过程。它有三个要素：一是明确的目标；二是共同的协议；三是信息、思想和情感的交流。沟通是传递和接收信息的行为。发送方通过某些渠道向接收方发送信息，并寻求反馈以实现相互理解。沟通不仅是人与人之间的沟通，更是组织之间的沟通。作为机组人员，沟通更有利于工作，更有利于与乘客进行交流并更好地为乘客服务。沟通的基本模式为语言交际，语言是人类特有的一种非常有效的沟通方式。语言包括口语、书面语言、图片或图形。口语包括面对面的交谈、会议上的交谈等。书面语包括信件、广告和传真，甚至是现在使用的许多电子邮件。图片或图形包括一些幻灯片和电影，所有这些都被称为语言交际。在交际过程中，语言交际更善于传递信息，传递思想和情感。同时还有肢体语言交流，肢体语言包含非常丰富的内容，包括动作、表情、眼神。事实上，声音中也有非常丰富的肢体语言。当我们说每一个字，用什么样的音色说，什么样的韵律说，等等，这些都是肢体语言的一部分。也就是通常所说的两种交流方式：语言和肢体语言。语言能更好地传达信息。肢体语言更多用在人与人之间交流思想和感情，可以提供如何与陌生人沟通、如何与朋友沟通、如何与异性或恋人沟通、如何与妻子沟通、如何与父母和子女沟通、企业内部如何沟通、与同事如何沟通、上级和下级如何沟通、与客户如何沟通、商务谈判如何沟通。作为一名空中乘务人员，只有掌握沟通的技巧，才能更好地服务于客户。

我国幅员辽阔，各个地区之间的方言差异显著，如南方人讲家乡话，很多北方人就听不懂。语言不通就会产生理解差异，同样的事物可能在各个地区说法也不同，沟通和理解起来就很困难。例如，南方人对鞋子的发音是"孩子"；新疆和甘肃地区把洋葱叫"皮牙子"；天津人把走路叫"走道"。不过，方言虽然是复杂的，但是每一种方言与普通话之间的差异都是有规律的，掌握了基本规律，沟通起来就容易理解了。

二、准确把握沟通对象感

沟通是一项具有创造性的工作，要想成为一名优秀的民航播音员并不容易，在播音过程中，面对话筒，播音员需要对稿件的对象感进行把握，这一点对播音工作具有非常重要的意义。通过有效地把握对象感，播音员能够与听众增强交流互动，产生情感上的共鸣，而且能够使自身的声色更具变化性，语气更加丰富，有利于避免长时间播音过程中说话语气一直处于同一频率。语气的单调、乏味会影响受众的关注度，不利于形成固定的受众群体，会影响播音的效果。因此，作为一名优秀的民航播音员，需要在播音中把握好对象感，增强播音的效果，同时更好地展现出播音的魅力。

什么是对象感？其实生活中两个人坐在一起一对一聊天的时候，会强烈地感觉到对方在和自己说话，但往往到了台上，面对多人讲话，演讲中就会把这种感觉忽视，如果忽视了这种感觉，同时也忽视了台下听众的感受。在台下交流有交流感，因为人们往往会注视着对方的眼睛，身体前倾面对对方，身体的内在语言都在传达交流的信号。那么为什么在台上会忽视这种感受呢？是因为紧张，当感觉台下观众都在注视自己的时候，内心是十分紧张的，想要避开众人的目光，不去关注他们，其实也就忽视了他们。内心想的更多的是自己要怎么不出错地完成今天的演讲，要赶紧讲完离开这里。所以就会出现上面说到的那种情况。拿着稿子的演讲成了读稿，脱稿的演讲成了背诵。这就丧失了演讲中很重要的一点——对象感，同时，听众也丧失了继续听下去的欲望和耐心。培养对象感的方法如下。

1. 触景生情

平时一对一的讲话也好，交流也好，生活中讲话的情，就是触景生情。先看到景物，生出感情，再变成口语的语言。具体分析，人们从看见景物到发出声音，要经历"景生情""情生气"，有什么样的情景，就会生出什么样的感情，有什么样的感情，就会产生什么样的气息状态。比如当看到"5·12"汶川大地震的情景时，感情是沉痛的，气息就会充满悲悯。到医院看望病人，感情一定是关心的、体贴的，气息就会温柔。这就是触景生情，以情生气。但为什么在生活中讲话情真意切，一到了台上就没有感情了？生活语言和台上讲话语言的不同也在于：台上人讲话时少了一个"景"，即没有实景。生活中说话大都是见山说山，见水说水，触景生情。面对众人讲话的时候，触景生情的景没有了，面对的是一片黑压压的人群，既看不见庐山，也没有面对瀑布，这时候需要把脑海中储存的形象调出来，通过描述脑海中的具体形象来进一步刻画。

2. 肢体语言

（1）眼神

如果要增强对象感和交流感，可以从调动肢体语言入手，首先是眼神，所以在说话的时候要注意眼神的交流感。

（2）抬头率

很多人在带稿演讲中，眼睛全程盯着稿子，和听众就没了交流，要想和听众多交流，首先要提高自己的抬头率。领导人在讲话的时候也不是全程看着稿子的，也会抬头看台下的人，所以第一点，如果在拿着稿子演讲的时候，一定要提高抬头率。

三、说好内在语

播音创作所依据的文字稿件常常是"言有尽而意无穷"，作者不可能也没必要把稿件包含的具体内容和思想感情全部写成文字，但在播音创作时，必须由表及里，在语句的有尽之言中挖掘无尽之意、无尽之美，这是播音创作的内涵所在。语句的弦外之音、味外之味就是通常所说的内在语，是指在播音语言中所不便表露、不能表露，或没有完全显露出的语句关系和语句本质。

语句本质是指句子在具体的语言环境中深层的内在含义和表达的情感。理解语句的思想内涵可以做两方面分析：一是脱离语言环境来确定语句的基本意义，那么它只是句子的表层意义；二是结合语言环境来确定句子本来要表达的思想和实际意义，那么这就是句子深层的内在含义和情感，即语句本质。但语句的表层意义并非无足轻重，要结合上下文的语境来分析，从语句较宽泛的表层意义来锁定语句本质。也就是说，应该参照语句表层意义的线索来揭示语句本质，而揭示语句本质落实到表达上则可以引发出贴切的语气。

内在语的分类：①发语性内在语，指提示，引出下文，如在层次、段落、语句之间加上适当的词语。②寓意性内在语，是稿件文字的"弦外之音"，是隐含在语句深层的内在含义，是结合上下文语言环境挖掘出来的语句本质和语句目的。③关联性内在语，指那些没有用文字表示出来的语句关系，具体地说，就是那些体现语句逻辑关系和语法意义的隐含性关联词和短语。其最大的特点是：通过挖掘语句间隐含性的关联词或短语，使语句关系更加明晰。④提示性内在语，用于语句段落层次之间，也是为了解决上下文语气衔接的问题。⑤回味性内在语，主要包括四种形式，即寓意式回味、反问式回味、意境式回味、线索式回味。⑥反语性内在语，主要包括四种形式，即对立型反语内在语、反问型反语内在语、双关型反语内在语、非对立型反语内在语。

第二节 即兴口语表达训练

一、即兴口语表达含义

即兴口语表达是在自然语言基础上进行加工后的一种口头语言艺术。它不同于文章,虽然文章也能表达出作者的思想情感,但因为文章没有声音而终不能达到演讲的效果。即兴口语表达能够使听众更深刻、更形象地领会到演讲者丰富的思想感情,会使演讲娓娓动听、声声入耳,它所达到的使人心潮澎湃、让人热情激昂的效果,有一大部分都归功于口语的表达。

1. 口语表达思维方式及训练

口语表达经常使用的几种思维方式主要包括发散思维方法和聚合思维方法。

发散思维方法:发散思维具有流畅性、广阔性、灵活性(变通性)和独特性的特征,是构成创造思维的主导成分。它包括的种类很多,现在只讲几种与广播电视即兴口语表达关系最密切的方法。具体方法有:①横向思维法;②纵向思维法;③逆向思维法。

聚合思维方法具有同一性、程序性、比较性等三个特点。具体方法有:①求同法;②求异法;③分析法;④综合法。

在思维活动中发散思维方法和聚合思维方法是相辅相成、互相补充的。人的思维就是发散—聚合—再发散—再聚合—再发散……不断地推向更高的发展水平。

2. 构思、判断、推理、想象训练

口语表达的过程基本上可分成三个阶段:想、说什么、怎么说好。这个运行和转化的过程就是构思。口语表达必须重视构思,从纷繁复杂的事物中理出一个头绪,才能顺理成章地把自己想说的东西说出来。

首先,确定主题,说这个话题的目的是什么要明确,不要说了半天却不知道为什么说;其次,挖掘主题,可以纵向地进行线索的梳理,列出提纲,理清层次,然后再横向地进行内容的扩展、充实和丰富;最后,升华主题,让所讲的内容在具有了普遍意义后有一个提升,不仅仅是就事论事,这样才能给人留下深刻的印象。

(1)构思训练

可以从以下几个方面入手:①养成观察事物、分析问题的习惯;②学习和懂得一些逻辑学的知识,在构思时才有逻辑性、条理性,比如说,总分与分总关系、递进与并列关系等,最好养成说话前拟订提纲的习惯,这样讲话时思路会更清晰;③对口语表达的话题和表达的主题以及材料的使用要有选择性,力求做到角度新颖、意义深远、准确、典型;养成用发展的、开放的、立体的眼光看待周围的事物的习惯。

练习:多读,分析别人经典的口语表达段子;多练,经常就看到或是听到的一些问题进行分析和讨论。

（2）判断训练

判断是对事物或情况有所断定的思维形式，也是完整表达思想的一种最基本的形式。

广播口语表达属于一种随机判断，也就是说，在对事物进行判断时要讲求速度。从速度的角度可以将判断分为三种类型："麻将型"的判断——几秒钟内的决定，"围棋型"的判断——几分钟内的决定，"园艺型"的判断——几天内的决定（逐渐形成成熟的思考）。能兼备这三种判断力是最好的。广播口语表达属于第一种类型。广播口语表达中的判断往往涉及对与错、是与非的问题，是一种个人观点的展示或者是一种宣传立场的表达或者是对现场发言和情况的总结，所以一定要恰当，它对准确传达语意、说服受众有很重要的作用。因此，在强调反应的速度时，还要特别注意判断的准确性。另外，在判断时还要注意以下几个方面：对于专业性的、科学性的概念，要明确；对于做出的判断，要看它是否符合客观规律和实际情况；在不同的情况下，应选择恰当的语言判断方式，可以是陈述句，也可以是疑问句、祈使句、感叹句。

在广播节目中，要进行判断，需要把握以下几个原则。

① "闻其言而知其人"——通过语言进行判断，包括表达内容和表达方式两个方面。

② "观其行而知其性"——通过行动来判断，主要包括手势和坐姿。

③ "神情也会说话"——通过神情来判断，主要包括眼神和表情。

（3）推理训练

推理是由一个或几个已知判断推出一个新的判断的思维形式，也是人们认识客观事物的思维形式。在口语表达中经常会论证或是批驳一种观点，这就需要摆事实讲道理，进而运用推理。

推理包括演绎（一般—特殊）、归纳（特殊—一般）、类比（特殊—特殊）三种。在推理时必须保证前提和比较对象的真实性、前后一致、符合客观规律、符合逻辑。

要加强这方面的练习，可以联系实际，进行议论、说明、叙事等口语表达的训练，还可以进行一些逆向思维的训练。

（4）想象训练

想象在心理学中是指在知觉材料的基础上，经过新的配合而创造出新形象的心理过程。在口语表达中调动丰富的想象力，不仅可以使语言更加生动鲜活，也是语言创造力的一种体现。语言个性的形成离不开想象力的挖掘，平时要注意敢于想象，积极想象，并且能够将自己的想象用语言表达出来。

调动想象的方法很多，以下简要介绍几种。

原型启发、类比（分为直接、拟人、象征、幻想四种）、联想（分为相似、接近、对比、因果、强制五种）、假设。

3. 口头表达方式的训练

这里将对即兴口语表达的方式分项加以说明，并提出训练要求，目的在于了解它们各自的特点，掌握使用的规则。

（1）口头复述

口头复述是指运用口头叙述的方式重复自己说过的话、重复别人说过的话和将看过或听过的材料内容重复出来的一种练习活动。

复述要忠实于原始材料，但又不同于机械背诵，它是在理解的基础上，经过详略的处理，突出重点，对语言重新加以组织，基本上用自己的话转述材料内容。常用的口头复述训练方式有以下几种：

① 口头详细复述

对原始材料进行十分详细的复述。严格遵照原来材料的内容、顺序、结构，用自己的话完整、准确、清楚地叙述。在此基础上，可以适当将复杂的语法结构调整得简单些，或将长句子化为短句子，将书面语化成通俗易懂的口语。

② 口头简要复述

简要复述是在总体把握原始材料的基础上，经过分析、综合，概括出中心、主干、要点，略去铺陈、解释性、修饰性等次要部分，简明扼要地复述出原始材料的基本内容。简要复述虽要求要言不烦，但不能因简害意，应力求用最简洁的语言表达出最主要的内容，必须做到结构完整、条理清楚、语言准确。

③ 口头创造性复述

口头创造性复述即依据原来材料的内容，根据复述的目的、要求，对内容或形式作某些创造性的变换和扩充的复述方式。

变换是将原有材料的人称、结构、体裁、语体等加以变换。扩充是在理解原材料内容的基础上，经过合理的想象和联想，丰富细节、扩展情节、续编结尾，增加修饰性、说明性的内容等。变换和扩充必须以原材料为依据，切不可违背原来的思想、内容、风格，切不可任意发挥、胡编乱造。

（2）口头描述

描述，是通过观察，将人、事、物、景等表达对象的特征及形态用形象的语言描绘给人听的一种口语表达方式。它具有直观性、具体性、形象性等特征。口头描述是一个快速"看""想""说"的过程。

① 观察能力的训练

观察是口头描述的基础和起点。播音员要做一个热心人、有心人，要养成观察的习惯，学会观察的方法，以强烈的社会责任感，以一双充满激情的眼睛观察社会、观察周围的人和事。描述的目的和要求不同，观察的方法也可灵活多样。观察，无论是由上到下或是由下到上，由远及近或是由近及远，由人到物或是由物到人，由整体到局部或是由局部到整体，都需要注意以下要求。

观察要具体。它体现在两个方面，一是全面，要多方位、多角度地了解全貌；二是细腻，只有对事物的声、色、形进行细致入微的观察，才能用形象、生动的语言作逼真的描绘。

观察要深入。要善于透过人物的服饰、表情、动作等细节，发现人物的内心世界；要善于透过事件的个别现象，发现内在的联系；要善于透过事物的表象，发现本质的特征；要善于透过画面的背景、色调，捕捉其深邃寓意；等等。总的要求是要能够透过现象看本质。

② 感受能力的训练

感受，包括形象感受和逻辑感受。在描述训练过程中，重点要加强形象感受的训练。

形象感受，就是要在接受观察对象刺激作用时，使视觉、听觉、味觉、嗅觉、触觉、空间知觉、时间知觉、运动知觉都进入一种积极的综合感知状态，并通过各感知觉的互相联系、互相渗透、互相促进、互相作用，激起内心的反应，引发感情的运动，继而寓情于景，将观察对象绘声绘色地描述出来。描述，不仅要能够设身处地，还要能够触景生情。不仅要用眼睛看，用耳朵听，用嘴说，更重要的是用自己的心灵去真切地感受。要充满热情地对待人、对待社会、对待大自然。

（3）即兴评述

评述与复述和描述的不同点在于，它不仅要描述所见所闻，更重要的是还要谈出所感。夹叙夹议，评述结合，使这一表达方式具有综合性特征。从复述到描述，从描述到对事实的叙述，从对事实的叙述到思考、立论、即兴谈出自己的观点，思维活动越来越复杂，表达的难度也越来越大了。

① 评述的要求

评述的首要任务是掌握真实的材料，确保事实的准确无误。要舍得花工夫、下力气踏踏实实地搞调查研究，只有如此，才能扎扎实实地掌握第一手真实的材料。

其次，条理分明，重点突出。写文章讲究层次结构，话要说得清楚明白，也要讲究条理性。在对所要叙述的人、事、物、景进行深入、细致的观察之后，接下来，不是想到哪儿、看到哪儿、听到哪儿就说到哪儿，而是要快速地理清评述的线索，确定评述的顺序，抓住评述的中心；明了表达的先后、轻重、开合、详略；怎样开头、结尾；怎样衔接、过渡、呼应等，清清楚楚地交代出人物和事件发生、发展的时间、地点及原委。

最后，鲜活生动。鲜活生动，不是讲假话、空话、套话，要思想新、立意新、角度新、构思新，语言还要富有意趣、情趣，充满灵性，具体形象。广播即兴口语的评述要力求具体、鲜活，少用抽象的概念，多用生动的事实来说明问题，使人闻过则明，听过则通，扣人心弦，引人入胜。为很好地完成这一阶段的训练任务，还可以根据以上三点要求，进行大量即兴命题讲述的练习，目的是顺利完成组织语词、语句、语段、语篇的跨越，使评述更具有完整性、条理性。

② 立论的要求

a. 实事求是。实事求是，即论点应该建立在事实的基础上；结论应该产生在调查研究之后。

b. 由表及里，由浅入深。立论，既要以客观事实为依据，又不能忽视主观能动性的重要作用。人们对于真理的认识，有一个由表及里、由浅入深、由现象到本质的过程。对于客观事物内在本质规律性的分析、理解，认识越深入，论点建立的基础越坚实，对论点的开掘也会越有深度。

c. 见解独到。有学、有识，就要不断学习，还要有胆、有情，敢于爱憎分明地坚持真理，敢于说真话。只有这几样全部具备，才有可能获得真知灼见，确立的论点才可能有新意，有独到之处。

二、客舱内即兴沟通注意事项

1. 对待突发事件沟通技巧

飞机上有时会发生由于疾病或特殊原因造成的紧急情况,需要乘务组成员根据实际情况按照民航规定做出相应处理,需要与各方面进行沟通,解决突发状况。

由于乘客的原因引起的突发状况,乘务员一定要先了解事件的性质,及时跟乘客沟通,如遇到沟通受阻,一切以民航安全为首要原则。如有旅客登机后中途下飞机办理事情等情况,对于类似情况要重新进行客舱检查,造成的延误情况,耽误了其他旅客的行程,要积极地跟旅客进行解释,即使航班延误也要保证每一位旅客的人身安全及财产安全。

2. 优质服务拉近彼此关系

民航乘务人员既要平易近人,温文尔雅,同时也要充满激情与活力,才能拉近与乘客之间的关系,了解旅客内心的需求,有针对性地进行服务。多样性的沟通能够丰富旅客旅途中的美好体验。

优质的服务是及时的、自然的、不呆板不教条的。正常登机之后问候乘客的话语是:"您好,欢迎登机!"如遇到延误应立刻换成:"抱歉,让您久等了,您需要一杯水吗?"问候语的变化,可以让乘客感受到温暖,让服务"细节化",优质的服务才能够拉近与乘客之间的距离。

服务有框架来规范,服务有标准来规定。任何的优质服务都有特殊性,是无法复制的,只有从心出发的服务才能打动每一位旅客,实时、及时、贴心的服务才能使旅客感受家的温暖。"润物细无声"是客舱服务与沟通中达到的一种较高境界,是一种挑战,作为民航人要努力丰富自己,勇于面对每一次挑战。

案例分析

某乘务组执行沈阳—上海航班,机型是A310。由于处理机械故障需要等待机务人员从上海送航材,飞机延误长达11个小时。起初,由于航空公司没有料到情况会这么严重,所以已经让旅客登机了。而后,旅客几乎所有的时间都在飞机上度过,乘务组想尽各种办法缓解旅客的情绪——餐食发完了,饮料发完了,甚至报纸也送完了,可是飞机还在延误,旅客们的怨气越来越大。这时,一位旅客操着东北口音对乘务长大喊:"你能不能把飞机上的投影给整出来?"乘务长知道飞机上的录像设备已经不能使用了,但如果回答"飞机陈旧,录像设备已经不能使用了",一定会给旅客增加不必要的担心。她灵机一动,对旅客说:"先生,看投影有啥意思啊?刚才乘务员不是给您表演真人秀了吗?又是氧气面罩,又是救生衣的……这样吧,天也黑了,我一会儿让乘务员把客舱灯关了,巡视的时候舞动起来,给大家表演个皮影戏,怎么样?听了这话,这位旅客哈哈大笑起来,学着东北家乡话说了一句:"谢谢啦!"乘务长紧接了一句:"缘分啊!"之后,客舱的气氛逐渐融洽起来,旅客们纷纷让乘务员也歇一会儿,聊聊天。

(资料来源:《中国民航报》)

参考文献

[1] 刘辉.航空服务沟通与播音技巧.北京：旅游教育出版社，2016.
[2] 汪小玲，杨青云.空乘服务沟通与播音.北京：国防工业出版社，2017.
[3] 杨静，李广春.民航播音训练.北京：清华大学出版社，2017.
[4] 安萍.民航服务沟通技巧.北京：清华大学出版社，2017.
[5] 吕志军.民航乘务服务礼仪.北京：中国民航出版社，2017.